Essential Questions:
Opening Doors to Student Understanding

让教师学会提问
——以基本问题打开学生的理解之门

【美】Jay McTighe & Grant Wiggins 著

俎媛媛 译

中国轻工业出版社

图书在版编目（CIP）数据

让教师学会提问：以基本问题打开学生的理解之门/（美）麦克泰格（McTighe, J.），（美）威金斯（Wiggins, G.）著；俎媛媛译. —北京：中国轻工业出版社，2015.2（2023.1重印）

ISBN 978-7-5184-0040-9

Ⅰ.①让… Ⅱ.①麦…②威…③俎… Ⅲ.①课堂教学-教学研究-中小学 Ⅳ.①G632.421

中国版本图书馆CIP数据核字（2014）第258266号

版权声明

Translated and published by China Light Industry Press with permission from ASCD. This translated work is based on *Essential Questions: Opening Doors to Student Understanding* by Jay McTighe and Grant Wiggins. © 2013 ASCD. All Rights Reserved. ASCD is not affiliated with China Light Industry Press or responsible for the quality of this translated work.

总 策 划：石 铁
策划编辑：孔胜楠　　　　　责任终审：杜文勇
责任编辑：孔胜楠　　　　　责任监印：吴维斌

出版发行：中国轻工业出版社（北京东长安街6号，邮编：100740）
印　　刷：三河市鑫金马印装有限公司
经　　销：各地新华书店
版　　次：2023年1月第1版第7次印刷
开　　本：710×1000　1/16　印张：11.5
字　　数：96千字
书　　号：ISBN 978-7-5184-0040-9　定价：28.00元
著作权合同登记 图字：01-2014-5146
读者热线：010-65181109，65262933
发行电话：010-85119832　传真：010-85113693
网　　址：http://www.chlip.com.cn　http://www.wqedu.com
电子信箱：1012305542@qq.com
如发现图书残缺请与我社联系调换

141294Y1X101ZYW

译 者 序

在我国基础教育课程教学改革的进程中，随着教学模式以及教师、学生学习观和评价观的转变，课堂提问重新回到现代教学的核心，成为教师开启学生心智，引发学生思考、参与和探究的重要教学手段。

俗话说，"学贵知疑，小疑则小进，大疑则大进"，"不学不成，不问不知"。有疑才会有问，有问才会有思，有思才会有学。学习本身是激发好奇心和探究精神，发现问题、解决问题的过程，因此，在学习过程中，如何设计问题、发现问题、解决问题，如何学会通过高效、智慧的提问来激发学生学习的主动性，深化学生的认知和学习参与度，是当代教学改革中教师课堂教学关注的重点。

我国基础教育课程教学改革要求学生是学习的主人，教师是学生学习的组织者、引导者和合作者。"施教之功，贵在引导，而引导之法，贵在善问"。善于设疑、提问，是教师转变课堂教学角色，提高教学效率的关键。好奇和探究是人的本能，学生自主学习的过程，也是认识世界、探究世界的过程。对此，前苏联教育家苏霍姆林斯基早就表达过他的观点："在人的心灵深处，都有一种根深蒂固的需要，这就是希望自己是一个发现者、研究者、探索者，而在儿童的精神世界中，这种需要特别强烈。"有效的课堂提问，可以使学生在有趣的、现实的问题情境中，产生对知识和学习的浓厚的好奇心和求知欲，从而提高课堂教学和学生学习效率。可见，有效的课堂提问是教与学成功的关键。

现实中，许多教师由于未能掌握有效提问的技巧，往往为了提问而提问，把启发式教学变成了问答式教学，使课堂提问流于形式。究其原因，一是未能掌握学生学习的心理；二是未能抓住问题的核心；三是对问题的设计不够。那么，如何做到有效的课堂提问呢？本书作者通过对"基本问题"的深入剖析，引导读者认识"基本问题"、学会使用"基本问题"，深入浅出地将读者引向了有效的课堂提问。

本书作者杰伊·麦克泰格（Jay McTighe）和格兰特·威金斯（Grant Wiggins）长期从事对基础教育阶段学生学习和评价的研究，在有效教学以及课程、教学与评价的整合方面有着丰富的经验。杰伊·麦克泰格和格兰特·威金斯在对大量典型和有效问题进行分析的基础上，通过生动的案例和图表，为我们呈现了课堂提问和有效教学的核心——"基本问题"的内涵、形成、设计和有效使用，并详细描述了如何建立与"基本问题"密切相关的课堂探究文化、如何在课外使用"基本问题"，以及如何在使用"基本问题"的过程中对遇到的特殊情况进行处理等。

本书是一本不可多得的实用性极强的教学指导用书，它重点解答了两个问题：一是什么是有效的问题；二是什么是有效的提问策略。作者通过分析这两个问题，为教师和专业人员提供了具体的指导。同时，对学生和家长来说，本书也是一本通俗易懂的普及性专业读物，对于开启新思维、帮助学生建立学习主动性、激发学生的探究和创新精神具有一定的参考价值。

翻译本书的过程，也是一个再学习、再认识的过程。最初接受本书的翻译任务，源于对作者之一格兰特·威金斯的兴趣。对格兰特·威金斯的认识，始于在做博士论文期间，对其表现性学生评价和真实性学生评价的研究。本书可以说是其对学生评价研究的延伸，也是其所倡导的课程、教学、评价整合的行动体现。希望本书的翻译出版，能为作者现代课堂教学、学习和评价方法的传播起到微薄的助推之力，为我国基础教育课程教学改革的深化和各国教师课堂教学经验的传播架起交流的桥梁。

巴西教育学者弗莱雷曾说:"没有了对话,就没有了交流;没有了交流,也就没有真正的教育。"现在,就让我们打开篇章,在与作者的对话中,开启对"基本问题"的交流,踏上新的教育之旅。

组嫒嫒
2014 年 10 月

推　荐　序

我们略去开篇，直奔主题。作者杰伊·麦克泰格和格兰特·威金斯请我们完成一项任务，确定哪些不是基本问题，并要求我们对此进行认真的考虑。我们思考并反思问题的产生，研究那些对学习者会产生影响的语言点。作为读者，我们立马被吸引到了令人兴奋的探究中。

值得一提的是，从孔子到亚里士多德，再到笛卡尔，提问是教师激发学习者时使用最普遍也是最根本的策略。在过去 20 年中，基本问题就像课程的指南针一样，为学习者指出了一条路径。这是因为，除此之外，没有更适合用于测量教学模式如理解性教学设计效果的手段了。虽然我们对高水平基本问题的需求无所不在，但在我们的意愿和我们能否提出基本问题之间还有一个巨大的鸿沟。随着目前对教师教学有效性管理的深化、对评价标准整合的重视以及对形成性评价的再次关注，使得本书的出版问世可谓正当其时。现在，我们需要这本书。

本书不仅可以作为我们设计问题时的参考指南，而且在改变教学提问技巧方面，也是一本值得一读的好书。作者对教育教学方面的研究成果将通过专业教师的提炼和实践，直接服务于适龄学习者的需要。本书中所使用的清新语言能够瞬间抓住读者的目光，如"询问内容""暂时中止""提问的组织文化"等。这是一本吸引人的读物。随着调研的深入，作者逐渐形成这样一种观点，即基本问题的形成是基于对典型和有效问题类型的分析、研究。

在他们工作坊的发言中，杰伊和格兰特经常使用运动类比法。以此类比，我们可以通过这本书得到积极的训练和指导。本书非常有用和易于理解，它给我们提供了使用基本问题提问的有效方法，给我们罗列了一系列典型的基本问题类型，并为我们提供了形成这些问题的设计过程、有效实施策略以及对特殊情况的处理方法。该书通过清晰的八大步骤，来引导读者形成和构建问题、表达问题，并考虑学生的可能反应和回答。每个步骤都附以大量的例子和清晰的图表，以便于理解的方式为教师和专业人员提供指导。

对于那些关注使用数字化工具、社交媒体、全球网络链接等现代化手段进行学习的教学者而言，一个核心问题是如何对学生的自主学习进行帮助和指导。在这本书里，从如何引导学生自主设计问题这一节，我获得了诸多启示。这一节不仅帮助我们学会如何在与学生互动时使用基本问题，而且帮助我们思考如何对学生的自主学习提供帮助。建立学生自主学习的标准，对于 21 世纪新兴教学方法的实施作用重大。

基于在美国以及全世界其他中学多年的教学经验，杰伊和格兰特知道，仅仅设计出基本问题还远远不够，不同的课堂文化决定了这些问题实施的有效性。该书中一个最值得关注的讨论是对如何培育互相尊重和交流的学习环境的探讨，它引导我们学会如何创设积极的课堂文化，并鼓励我们在教师与学校领导者之间创造同样的文化。杰伊和格兰特以一种非常真实的感受，将对激发提问所必需的文化条件的研究整合到设计性教学的工作中，他们重新定义和扩大了专业人员之间彼此尊重的对话的价值，这些专业人员是后来希欧多尔·赛泽所提倡的基础学校的核心。

本书是合作的成果，从他们那些典型案例和丰富的作品中，杰伊和格兰特表现出了智力上的亲密合作与集体产出的力量。我很高兴能与他们相识多年，可以想象伴随他们创作过程的那些电子邮件往来、电话交流、商讨、辩论和顿悟。而这本书最与众不同之处在于，它的观点始终是一致的，并为读者提供了来自调研合作同行的基本经验。

在查找同义词时，我把"基本的"（essential）这个词输入一个可视词典应用程序中，随即在我电脑屏幕上出现了"精华"（marrow）这个词，其定义为"精选的或最为重要的思想或经验"。对那些在寻找精选课程和学习生命力的教育者而言，我们手里所拿的这本书，注定是一部成为基石的经典。

海蒂·海耶斯·雅各布斯
"21世纪课程项目"（Curriculum 21）负责人

目录 contents

译者序 ·· I

推荐序 ·· V

第1章　如何使一个问题变成基本问题 ·································· 001

　　事物的两面性 ··· 005

　　"基本"的三个内涵 ··· 007

　　目的胜于形式 ··· 009

　　大小和范围：基本问题的整体性和局部性 ···················· 013

　　元认知和反思性问题 ·· 014

　　非基本问题 ·· 015

　　小结 ··· 021

　　常见问题 ··· 021

第2章　为什么使用基本问题 ··· 025

　　标志着教学的主要目的是进行探究 ······························ 026

　　使单元教学更有可能调动智力因素 ······························ 028

有助于教师明确和突出教学重点……………………………………030

为学生提供透明度……………………………………………………032

鼓励和培养学生的元认知……………………………………………034

鼓励建立学科内或跨学科的联结……………………………………036

支持有意义的差异……………………………………………………037

是的，但是……………………………………………………………039

常见问题………………………………………………………………041

第 3 章 如何设计基本问题……………………………………043

如果"答案"是教学内容………………………………………………043

通过分解课程标准来设计基本问题…………………………………044

基本问题源于要理解的目标…………………………………………047

从整体性问题得出基本问题…………………………………………049

考虑可能或可预见的错误认识………………………………………052

考虑理解性认识的不同方面…………………………………………053

基本问题和技能………………………………………………………056

修订基本问题…………………………………………………………059

常见问题………………………………………………………………062

第 4 章 如何使用基本问题……………………………………065

新的规则………………………………………………………………066

使用基本问题的四个步骤……………………………………………068

使用基本问题的八个步骤·············075
应对策略·············080
对错误或不恰当回答的处理·············087
引发学生提问·············088
自主设计问题·············090
苏格拉底式问题研讨法·············092
常见问题·············095

第 5 章 如何应对现实挑战和特殊情况·············097

使基本问题变得友好亲切·············111
数学中的基本问题·············112
世界语中的基本问题·············115
表演艺术中的基本问题·············117
坚持下去·············119
常见问题·············120

第 6 章 如何在课堂上创设探究文化·············121

要素 1：学习目标的分类·············123
要素 2：问题、教师和学生的作用·············128
要素 3：明确的规定和行为规范·············133
要素 4：安全和有利的环境·············135
要素 5：空间或物质资源的使用·············137

要素 6：利用课内外的时间 ································· 139

要素 7：学会使用文本和其他学习资源 ··················· 141

要素 8：评价 ··· 143

形式服从功能 ··· 148

第 7 章　如何在课外使用基本问题 ································· 151

和同事一起使用基本问题 ································· 151

与专业学习共同体一起使用基本问题 ··················· 156

小结 ··· 163

参考文献 ··· 165

第 1 章

如何使一个问题变成基本问题

作为教师，经常会向学生提出问题，但提出这些问题的目的和形式却多种多样。本书是对一类特殊问题的探讨——即我们称之为"基本"的问题。那么，决定一个问题是基本问题的要素是什么？让我们从对以下问题的研究开始，用以下练习来检验基本问题的特点。练习分为三个部分，如下所述。

首先，检查以下左右两栏中的问题，试着找出标有"基本问题"与"非基本问题"两栏问题各自的特点，并进行对比。基本问题普遍具有哪些特点？这些特点与那些非基本问题有何不同？

基本问题	非基本问题
• 文学是如何形成和反映文化的？	• 印加人和玛雅人是如何使用一般的文学符号的？
• 当遇到棘手问题时，有效的问题解决者是怎么做的？	• 为了解决问题，你采取了哪些步骤？
• 科学证据的强有力性表现在哪里？	• 科学调查中的变量是什么？
• 曾经有过正义的战争吗？	• 哪些重要事件引发了第一次世界大战？
• 我的发音怎么才能更像个地道的本地人？	• 什么是一般的西班牙口语？
• 谁是真正的朋友？	• 故事中谁是马吉最好的朋友？

其次，请看以下按学科领域组织的附加例子，以帮助你理清思路，分清基本问题（EQ）的性质。

历史和社会中的基本问题

- 这是谁的"故事"？
- 我们怎么能知道过去到底真实地发生了什么？
- 政府应该怎样来平衡个人权利与大众利益之间的关系？
- 诸如移民、媒体语言等是否应该受到限制或监管？何时并由谁来监管？
- 为什么人们要迁居？
- 为什么是那里（地理意义上的）？
- 什么值得我们一战？

数学中的基本问题

- 什么时候我们会进行估算？为什么要估算？
- 有计算模式吗？
- 我们的测量对象是如何影响我们的测量方式的？我们的测量方式又是如何影响我们对测量对象的选择的（包括不测量什么）？
- 好的问题解决者是怎么做的，尤其是在他们遇到棘手问题时？
- 这种解决方法需要精确到何种程度？
- 这种数学模型以及一般数学建模的局限性在哪里？

语言艺术中的基本问题

- 好的阅读者在他们不理解课文时会怎么做？
- 我正在阅读的东西是如何影响我应有的阅读方式的？
- 为什么我要写作？我为谁而写作？

- 笔杆子们是如何吸引和抓住读者的？
- 小说和真相之间是什么关系？
- 来自其他地方和发生在其他时间的故事是如何影响我的？

科学中的基本问题

- 是什么使物体在以自己的方式移动？
- 生物的结构和功能是怎样的？
- 衰老是一种病吗？
- 科学理论为什么会变化？是如何变化的？
- 我们如何才能以最佳的测量方式测量出我们无法直接看到的东西？
- 面对某个科学声明，我们如何选择应该相信什么？

文科中的基本问题

- 一件艺术品或作品能告诉我们哪些有关文化或社会的知识？
- 影响创造性表达的因素有哪些？
- 艺术家对他们的观众应如何负责？
- 观众是否要对艺术家负责？
- 经过深思熟虑的评论与不加思考的评论有何不同？
- 如果熟能生巧，那么什么能够造就完美的实践？

世界语中的基本问题

- 当尝试去学习一门语言时，我应该思考哪些问题？
- 当我不知道某种语言中的任何单词时，我如何来表达自己？
- 当我吞吞吐吐地使用这种语言时，我在担心什么？如何才能克服这种担忧？

- 母语者与言语流畅的第二外语使用者的区别是什么？我的发音怎样才能更像本地人？
- 要有能力驾驭一门语言，需要对其文化有多大程度的了解？
- 如何才能对某种文化进行探究和描述，而不仅仅是复制？

在对以上基本问题和非基本问题进行比较，并研究了以上附加例子后，你现在应该对基本问题有一个初步的了解了。以下是我们对基本问题特点的七个界定。一个好的基本问题应具备以下特征：

1. 是开放式的，也就是说，这些问题不存在唯一的、最终的、正确的答案。
2. 是发人深省和引人思考的，这些问题常常会引发探讨和辩论。
3. 是需要高级思维的，如分析、推理、评价、预测等。仅仅通过记忆知识点无法有效回答这些问题。
4. 会指向学科内（有时是跨学科的）重要的、可迁移的观点。
5. 能引发其他问题，并激发进一步的探究。
6. 需要证据和证明，而不仅仅是答案。
7. 随着时间的推移会反复出现，也就是说，这些问题需要反复不断地使用和修订。

与以上领域的例子相比，你工作中的基本问题会是什么呢？

只有当问题符合这些条件的全部或大部分时，才能被称为基本问题。这些问题是无法从简单的一句话或一堂课中得出固定答案的——这是基本问题的关键。对这些问题进行提问的目的是要激发思考、探究、引出更多的问题和思考，包括能激发学生提出一些更能引人深思的问题，而不仅仅是现成的答案。这些问题是具有挑战性和创造性的，学习者在处理这类问题时，会处于不断发掘问题深度并丰富问题内容的状态。但是，当我们简单地回答问题时，这些过程也许就会被一概而过。

接下来，我们进入第三部分——关于概念获得的练习。运用前面我们提到的关于基本问题的特点以及你记下的这些特点，判断以下哪些问题是基本问题，并说明它们为什么是基本问题。

问题	基本问题 是/否
1. 黑斯延斯战役发生在哪一年？	是/否
2. 有效的作者是如何吸引和抓住读者的？	是/否
3. 基因决定命运吗？	是/否
4. 那么，象声词是什么？	是/否
5. 有哪些例子能说明动物对环境的适应性？	是/否
6. 算数的极限是什么？	是/否

将你的答案与本章末的关键提示进行一下对照，看看答对了多少。由此，你是不是对什么是基本问题有了一个更好的了解？好了，那就让我们来更加深入地探讨一下基本问题之间的细微区别吧。

事物的两面性

尽管这些具有特色的基本问题对激发学生的思维和探究精神很重要，但这绝不是基本问题的唯一作用。在《理解性教学设计》一书（麦克泰格、威金斯，2004；威金斯、麦克泰格，2005, 2007, 2011, 2012）中，我们提出，教育应该努力开发和深化学生对重要思想和过程的理解，以使学生能够将之迁移到校外的学习中。因此，我们建议将与教学目标有关的内容进行分解，选出那些可长期迁移的内容以及学生希望学习、理解的东西。这种分解过程涉及了对与之相关的基本问题的设计，也就是说，基本问题可以被有效地用以架构我们主要的学习目标。比如，如果课程标准是要学生了解政府的三权分立，那么像"政府什么时候会越权"或"我们如何防止政府对职权的滥用"等问题就会帮助学生思考为什么我们需要监督和制衡机制，宪法的制定者们希望达到什么目的以及其他政府用来制衡权力的方式有哪些等。需要注意的是，这些问题有不止一个答案，即使在美国，我们也早已习惯对问题做出唯一的回答。从这个意义上来说，问题仍然是开放式问题，而不是答案唯一性问题。

在后面的章节中，我们还会讲到如何才能提出好的问题，现在我们只是先进行一个简单的思维训练。如果你希望讲授的内容里含有答案，那么对那些能想出这些答案的学习者，我们又该如何提问呢？这种观念转换给我们提供了一种有效的策略，让我们既能发现课程标准和关键问题之间的关系，又能找到培养学生学会真正理解教学内容的方法。简而言之，专业知识是探究、论证和不同观点碰撞的结果。最好的问题是那些我们希望学习者能够理解的、代表重要思想的顶级问题。这些问题就像是通道或镜头一样，透过它们，学习者能够更好地发现和探讨基本概念、主题、理论以及暗含在教学内容中的问题。

同样，通过对激发问题的教学内容的积极审视和思考，学生可以强化和加深他们的理解。比如，经常思考"在我周围不同时间和地点发生的其他故事是怎样的"之类的问题，可以引导学生去探究伟大文学作品中所触及的思想，即在特定文化和个性下所暗含的人类社会永恒的主题，由此帮助我们获得对自己所经历事物的洞察力。同样，"人类对未来的预测能够精确到何种程度"之类的问题，可以作为对统计学和科学中类似变量抽样、预测效度、置信度以及相关性与因果关系等一些概念的检测器。

从实践层面来看，有目的地理解和提出基本问题就像是一枚硬币的两面。我们的基本问题是指向重要的、可迁移的概念的,这些概念值得我们去理解和掌握,甚至它们还提供了对自身进行探究的方法。在理解性教学设计的单元设计模块,我们就极力介绍了这种相互关系,在这些模块里,需要学习者理解的学习目标和与之关联的基本问题共同出现。以下举例说明。

学习目标	基本问题
●一个地区的地理、气候、自然资源影响该地区的经济发展和当地人的生活方式。	●你居住的地方是如何影响你的生活方式的?
●统计分析和数据通常显示出一定的模式,这些模式使预测成为可能。	●接下来会发生什么?你怎么这么肯定?
●不同年龄、活动量、体重和健康程度的人有不同的饮食需要。	●对一个人来说是健康的饮食,怎么可能对另一个人来说是不健康的?
●舞蹈是关于形体、空间、时间和能量的一种语言,它能联结人的思想和感情。	●我们是如何通过动作来表达情感的?

"基本"的三个内涵

通过对此类问题的仔细观察,我们可以发现,"基本"这个概念有三个不同的但又互相重叠的意思。

"基本"的第一个含义是指"重要"和"永恒"。在这个意义上的基本问题会贯穿人的一生并自然而然地出现。此类问题从本质上看范围广而且普遍存在。

- 什么是公平、正义?
- 艺术是一种品位还是一种原理?

- 我们应该对自己的生物和化学机能干预到何种程度?
- 科学与宗教可以和谐相处吗?
- 作者是否有权以自己的观点去决定文本的意义?

以上这类基本问题是普遍存在并一直受到争议的。我们可能会很快抓住和理解这些问题的意思,但是我们也会很快发现这些问题的答案是不确定的甚至比我们本来设想的更为复杂多样。换句话说,在我们一生中,为了对此类问题进行反思、厘清并丰富经验,我们更有可能去改变我们的思维。好的教育是以此类终身学习的问题为基础的,即使有时我们由于关注学习内容的掌握而忽略了它们。这些问题标志着教育不仅要学习"答案",更要学会如何思考、提问和不断学习。

"基本"的第二个含义是"基本的""基础的"。在这个意义上的基本问题,反映了对某一学科领域关键问题的探究。此类问题指向某一领域的本质以及技术知识领域的尖端科学,它们在自身领域里历来都是十分重要和活跃的。例如"有哪部历史能够逃脱其作者的社会和生活史"这个问题,在过去的100多年里一直在被学者们广泛而热烈地辩论着,它使那些新手和专家们以同样的方式思考在任何历史记录中都有可能出现的偏见问题。类似"时空有多大""目前世界气候的典型性和非正常性发展到了何种程度"这样的问题,在有关物理学的弦理论和气候学的全球气候变化的讨论中,往往分别处于辩论的中心。类似"当一个作者试图从完全不同于自己的性别或文化的角度来讲述故事时,更多的是反映了作者的创造力"这样的问题,近几年已经在文学界和艺术界被不断热烈地讨论着。

"基本"的第三个含义是指它对于个人理解的重要性和必要性,而这也是学校教育中学生在学习核心课程内容时所需要的。在这个意义的层面上，当一个问题有助于学生理解那些看似孤立的事实和技能或者重要却抽象的思想和策略时——这些是专家可以理解但学习者却无法捕捉到或视为有价值的东西，这个问题就可以被称为基本问题。举例如下：

- 光是以什么样的形式进行波状传播的？
- 最优秀的作者是如何吸引和抓住读者的？
- 什么样的模式能够更好地描述商业周期？
- 这些大量、凌乱的数据点的最佳匹配线是什么？

通过对此类问题的积极探讨，学习者学会了将无关的、凌乱的信息进行联结，由此得到关键性的理解并能够将自己的知识和技能进行有效的应用和迁移。让我们再来看一个体育方面的例子。在橄榄球、篮球、足球、曲棍球和水球比赛中，战略性球员和球队逐渐了解了"我们在哪里能创造出更多、最好的进攻空间"这类问题的重要性（请注意，这个问题是作为战略性理解的跳板出现的，即展开防守提高了打进进攻球和得分的机会）。由这个问题引出了更为明显和重要的问题："我们怎样才能赢得更多？"请注意，由此，即使在技能型教学中，比如体育或数学，也会存在基本问题，这些问题有助于学生理解技能的关键点并懂得赢得结果的意义。（在后面章节关于基于技能的课程的讨论中，我们会进一步讨论这些基本问题）

目的胜于形式

你或许听说过，所谓高级问题应该以为什么、怎么样、以哪种方法等作为提问的开始。实际上，这些提问方式暗示了一种内在的开放式的思考，需要对其做出不同的回答。但是，不要认为所有以什么、谁、什么时候开头的问题都一定会指向具体的答案，也不要以为以为什么开头的问题就一定是高级问题。比如，让我们来看以下问题：

- 在经济学中，什么是公平？
- 谁是胜利者？
- 我们什么时候开战？

这些问题显然不是让你靠记忆做出某种回答，而是鼓励你去思考和讨论，你的回答可能会随着时间发生变化。相反地，你也可以问你学生这样的问题："第二次世界大战爆发的原因是什么？"在教科书里一定能找到这类问题的唯一答案。

这使我们得出一个更为一般的结论：目的胜于形式。你为什么问问题（也就是说你希望得到什么回答）比你表达问题的方式更为重要。没有问题天生就是基本问题或天生就不重要，一个问题是否是基本问题取决于它的目的、对象、背景和影响。作为教师，你希望学生能对问题做出什么反应？之前我们曾提到"基因是否决定命运"这个例子，类似问题的形成，是基于对外行来说，它听起来更为贴近现实。但显而易见，我们问这样的问题是为了激发学生的兴趣并引导他们对人类行为和健康的可预测性以及不可预测性进行讨论。也就是说，这个问题的关键点在于，我们为什么提出它，我们希望学生怎么去解答这个问题，我们希望与问题相关的学习和评价活动是什么样的，我们是否设想过对复杂性事件进行开放的、深入的探讨，包括组织一场辩论，抑或仅仅计划引导学生获得现成的答案。我们是希望我们的提问能够激发学生提出自己的问题，还是希望得到一个常规性的解答？

换句话说，如果我们脱离具体的情境，只看到一个问题的字面意思，那我们很难说这个问题到底是不是基本问题。比如"什么是故事"

这样的问题，很显然，如果我们提出该问题时是希望学生给出一个课本上的答案（故事包括情节、人物、场景和活动），那么以我们的标准判断，这个问题就不是基本问题。但如果这个问题在提出之初是为了先引出众所周知的故事构成要素，然后再通过对后现代小说（这些小说可能或多或少地不具备传统意义上"小说"的基本构成要素）的研究推翻对"故事"的传统定义，那么这个问题就发挥了基本问题的作用。

让我们再来看一个类似的问题："什么是模式？"这个问题被用在三个不同的课堂情境中，因而每种情境都有不同的提问意图。

- 二年级的教师问："同学们，让我们来看一组数字：2、4、6、8……那么接下来应该是数字几？能看出什么规律？"在这个案例中，问题导向的是具体的答案，即接下来的数字是10。
- 初中一年级的代数老师给了学生一组数据，让他们在图上标出两个临近的变量。"你们注意到了什么没有？看出什么模式了吗？"在这个例子中，教师在引导学生发现数据间的线性关系。
- 一位科学教师在为学生展示过去15年中艾滋病案例发生的数据表，这些数据按照年龄、性别、地区、社会经济地位等排列。教师的问题是："这个趋势的模式是什么？"这位教师试图以此让学生进行认真的分析、推理，并激发学生进行讨论，而不仅仅是要一个现成的答案。

因此，只是从提问所使用的陈述语言来看，我们无法说一个问题是否是基本问题。正如前面提到的，谁、什么、什么时候这些问题以及那些看起来能得出是或不是的回答的问题，也能激起学生强烈的好奇心、思考和反思，这取决于在教学中这些问题是如何被提出的以及后续提问的方式。让我们来看一下以下这些例子，可以想象得到这些问题所激起的热烈讨论、持续思考和探究。

- 宇宙是无限大的吗？
- 民主与禁止自由是自相矛盾的说法吗？
- 欧几里得几何是否为我们生活的空间提供了最好的"地图"？
- 谁应该做领导？
- 虚数有用吗？
- 《麦田里的守望者》是喜剧还是悲剧？
- 什么是第三世界？是否存在第四世界？
- 什么时候能够完成任务并确保成功？

正如我们所看到的，有目的的提问会起到相反的作用。教师也可以提出一个有趣的、看似开放的问题，同时期待一个现成的固定答案。最糟糕的例子是，当教师询问学生对有关争议观点的看法，实际上又在强调他们自认为在政治和道德上是正确的答案时，教师表现出的言行不一和不诚实。

如果你想象一下自己面对发人深思的问题时会如何回答，那么提出这些与目的或目标相关联的问题也就不是那么难了。最优秀的基本问题实际上是充满活力的，人们会在学校外询问、探讨、争论这些问题。这些问题能自然而然地引起讨论，打开人的思维和可能性——这对新手和熟练者是一样有效的。这表明，好奇心和开放性是思维的基本特性，也是终身学习者的特点之一。在更为实际的层面，如果我们真正投入到一个问题中，如果这个问题对我们而言是真实的并与我们有关的，如果这个问题能帮助我们学习到更为系统化的知识并加深我们的理解，那么这个问题对某一教学领域而言就是充满活力的。

最后，我们需要来看一下问题更为宽泛的目的和情境——包括与之相关的练习、作业和评价——这样才能确定这些问题是否是基本问题（在后面章节中，我们会谈到构成基本问题的核心，即探究的文化）。

大小和范围：基本问题的整体性和局部性

像"多大的误差幅度是可以忍受的"这样的问题，从另一种意义上来说也属于基本问题。它们提供了跨学科的关联性和可迁移性，不仅将测量、统计和工程学方面的课程与单元联结了起来，而且也将陶艺、音乐、降落伞包装等不同领域联系了起来。这种问题鼓励甚至要求我们对第一次遇到的特定领域以外的知识进行迁移，在几年内，这种问题在不同的学科和不同的领域有时会（也应该）不断出现，由此强化概念的联结和课程的连贯性。

基本问题在范围上是有所不同的，比如："我们能够从第二次世界大战中吸取什么经验？""最优秀的推理小说作者是如何吸引和抓住读者的？"这些具有代表性的问题是要帮助学生详细了解相关的具体知识和技能。此类问题通常并不意味着是永久性开放问题或永无答案的，它们一般具体指向一个单元的某个主题，如上述问题中的第二次世界大战和称之为推理小说的写作类型。还有一些基本问题是宽泛的和包罗万象的，这些问题超越了任何具体的话题或技能，将我们带向更为普遍、可迁移的认识。比如："过去的经验有哪些是我们可以吸取和无法吸取的？"这样的问题已经超越了第二次世界大战的范围，可以长时间有效地、反复地被用于不同的学科领域。同样，我们也不必仅仅去问类似推理小说是如何吸引我们之类的问题，这类具体问题在更宽泛的背景下适用于所有作者和艺术家，比如："最优秀的作者和艺术家是如何吸引和抓住读者的？"

我们把具体的基本问题称为"局部的、具体的",把更为普遍的基本问题称为"整体的、普遍的"(这种分类方法同样适用于认识和理解知识)。以下对这两类基本问题分别举例说明。

整体性基本问题	局部性基本问题
• 这是谁的故事(观点)？ • 结构和功能之间有什么关系？ • 艺术是如何表达、塑造文化的？ • 作者是如何运用故事元素来创设氛围的？ • 什么是体系？ • 有哪些主要因素影响一个强大国家的上升和衰落？	• 当地阿拉斯加人是如何看待对他们土地的处理的？ • 不同昆虫的结构是怎么帮助它们生存的？ • 仪式中的面具是怎么展示印加文化的？ • 约翰·厄普代克是怎样利用背景来创设气氛的？ • 不同的身体系统间是如何相互影响的？ • 为什么苏联会解体？

从以上例子可以看出,右边的基本问题关注于具体的话题,而左边的基本问题则更为宽泛(尽管这些具体问题看似比较集中,但仍有各种不同回答的可能性)。请注意,那些整体性问题没有提到学习单元的具体内容,它们超越了具体的主题事件而指向更宽泛、可迁移的理解性知识,这些知识是跨单元主题甚至是跨课程的。

整体性基本问题对于形成学习课程或项目(比如从幼儿园到12年级的健康课)的整体框架是有价值的,它们为基于理解的课程提供了概念性框架,这些课程会在不同年级通过相同的基本问题而不断深化。

元认知和反思性问题

到目前为止,我们所提供的基本问题的例子都是首先基于学习目的,但还有一些更为普遍的基本问题是具有元认知和反思性的,举例如下：
- 我知道什么，我需要知道什么？
- 我应该从何时开始？我应该何时转向？我如何知道何时自己已尽力了？
- 什么是工作？什么不是工作？我应该做出哪些调整呢？
- 有没有更有效的方法？我应该如何来平衡效率和有效性？
- 我如何知道自己已经尽力？
- 当我遇到困难时应该怎么办？
- 我怎么才能克服害怕出错的毛病？
- 我学到了什么？我收获了哪些思考？
- 我怎么才能提高自己的表现？
- 下次我怎么做到不同？

这种类型的常见问题对于课堂内外的有效学习和表现确实是重要的，尤其对于那些关注技能发展和表现的学习来说，此类问题被证实是十分有效的。对这些问题的运用表现出了个体的思考和反思，这些问题可以在不同年级使用，甚至可以在家里或贯穿一生使用。

非基本问题

在学校，我们使用不同类型的问题。依照我们对基本问题的理解，这些问题中的大部分是非基本问题（即使这些问题在教学中发挥了作用）。让我们来看一下课堂上常见的其他三种类型的问题，即导向型问题、引导型问题、启发型问题。在后续章节中，我们也会对其他类型的问题进行一一描述，包括探究型问题以及用于检查理解力的问题。

导向型问题

20世纪60年代，具有传奇色彩的喜剧演员格劳乔·马克斯曾主持过一个叫作"你赌你的生活"的智力竞赛电视节目，不管什么时候，只要参赛者错过了所有或大部分测试题，格劳乔就会提出最后一个让参赛者可以保全面子的问题："谁被埋在了格兰特将军的墓里？"（天哪，不是所有参赛者都能答出这个问题的！）这是导向型问题的一个极好的例子，因为它需要唯一的"正确"答案。（我们知道，律师和辩论家对导向型问题有各自不同的定义，但我们认为这个术语更适合于描述教师的动机，即引出正确答案。）下面再举几个导向型问题的例子：

- 7乘以6等于几？
- 我们所说的适用于所有的四边形吗？
- 经济大萧条刚开始时的在任总统是谁？
- 汞的化学符号是什么？
- A大调的关系小调是什么？
- 元音包括哪几个字母？

导向型问题可以帮助教师检查学习者的记忆情况或查找具体信息的情况，因此，当需要回忆或强化实践性知识时，导向型问题就起到了作用。这类问题的另外一种表达带有夸张色彩，通常它会以一种郑重的方式提醒我们，它们不是真正的问题。它们的目的不是要进行探究，而是指向事实。这也是为什么律师和辩论者通常会使用反问来吸引大家注意自己观点的原因。

引导型问题

教师们经常使用的另一种类型的问题可以被称为"引导型问题",如下所示:

- 这个句子的标点合适吗?
- 为什么答案必须小于零?
- 为什么在摄影中我们使用三分构图法?
- 你能用自己的语言陈述一下牛顿第二定律吗?
- 这个主角是什么时候开始怀疑他以前的朋友的?
- 第一次世界大战爆发的四个原因是什么?(答案可在课本不同处找到)
- 法语的哪些词是阴性的,哪些词是阳性的?

与导向型问题相比,这些引导型问题更为宽泛,但却不是真正的开放式问题,其目的也不是为了激发学生深度的探究。每个这样的问题都能将学生引导至之前学习的目标知识和技能——由此得出确切的答案。这些答案不仅仅需要记忆,也需要一些推理。就其本身而言,这些问题是帮助教师达到具体教学结果的重要工具。

尽管这类问题有用并为我们所熟知,但如果与之前我们提到的基本问题的七个特点相对照,你就会发现,它们不属于基本问题。在很多学科的课堂上,这类问题会被有效地加以使用,但它们并非为了激发学生的长期探究欲望,在以后的很长一段时间里也不会再次被使用。

启发型问题

优秀教师早就认识到了在开始新课程或新单元时抓住学生注意力的

重要性。的确，聪明的开放式问题能够激发兴趣，促进想象，引起好奇心。尽管我们大多数人肯定会鼓励使用能够激发学生兴趣的问题，但这类问题还是不同于基本问题。通过以下两个有关启发型问题的例子，让我们来看看它们与基本问题的区别。

- 学习6年级营养学的某个单元，教师提出了以下问题："在你们的饮食中，有哪些有助于抑制青春痘？"这种启发型问题有效地抓住了学生的兴趣点，并且为该单元一个普遍的基本问题"我们应该吃什么"奠定了基础。
- 阿拉斯加村庄里的一名科学课的教师用这样的问题来启发学生："我们喝的是和祖先一样的水吗？"对该地区的学生来说，从对祖先的文化崇拜以及海洋对于生存的意义而言，这是一个简练的启发型问题。与此相关的是"水来自何处又去往何处"这样的基本问题，这将激发学生对相关的科学知识进行不断的探索。

表1.1列举了一些例子，这些例子将帮助你区分本章所讨论的用于课堂提问的四种类型的问题；表1.2为我们列出了每种类型问题的特点。

表1.1 用于课堂提问的四种类型的问题

内容或主题	启发型问题	导向型问题	引导型问题	基本问题
营养学	你的饮食是否有助于抑制青春痘？	食物都有哪些类型？	什么是平衡膳食？	我们应该吃什么？

续表

内容或主题	启发型问题	导向型问题	引导型问题	基本问题
《麦田里的守望者》小说研究	你认识一些行为疯狂的青少年吗？他们为什么会表现出那种行为？	小说发生在什么时间（时间段）、什么地点（位置）？	霍顿是正常的吗？（注：小说的主人公是在精神病院里讲述发生的故事的）	什么使小说变成永恒？从小说中，我们能学到什么真理？
音阶	你的父母是否喜欢你的音乐？	C大调音阶的注释是什么？	为什么作曲家使用大调音阶而不是小调音阶？	音乐与噪声的区别是什么？什么会影响音乐的品味（如文化、年龄）？
宪法/人权法案	你是否赞同坚持立场的法律？	第二修正案是什么？	依据宪法规定，第二修正案是否支持坚持立场的法律？	哪些宪法原则是永恒的，哪些是随着时代发展而需要修正的（比如曾经一度认为只有白种男性才是人）？个人自由与集体利益的平衡点在哪里？第四修正案或人权法案的任何部分是否有过时之处？
心理学/人类行为	当孩子们集体行动时，为什么有时他们会干傻事？	谁是B.F.斯金纳？什么是行为主义心理学？	行为主义心理学、格式塔心理学和弗洛伊德心理学之间的相同和不同之处在哪里？	为什么人们会有那样的表现？

表 1.2　四种课堂提问类型的特点

启发型问题
● 提问是为了激发学习者对新话题的兴趣
● 能激发好奇心，引出问题或争论
● 通常以动人的儿童语言进行陈述
● 会问 1～2 次，但不会多次使用
导向型问题
● 问题需要回答
● 有一个"正确"答案
● 支持回忆和查找信息
● 只问一次（或直到找到答案）
● 不需要任何（最小的）辅助
引导型问题
● 激励和引导对某一话题进行探讨
● 指向期望掌握的知识和技能（但未必是唯一答案）
● 在一段时间内会不断被提问（比如在整个学习单元）
● 通常需要一些说明和支持
基本问题
● 提问是为了激起持续的思考和探究
● 提出更多的问题
● 激发讨论和论辩
● 在整个单元教学（或许一年）中被反复提问
● 需要理由和支持
● 随着认识的深入，答案可能会改变

小结

课堂提问可以分为不同的类型，每种类型的问题都有不同的、合理的目的。当你在教学中选择合适的问题进行提问时，我们提醒您要区分"基本"的两种内涵。

- 对作为教师的我用来启发和引导学生来说是必不可少的。
- 对学生不断进行反思以便逐渐理解核心思想和过程来说是必不可少的。

在本书中，我们用的是第二个层面的意思。事实上，在基于理解的课程中，我们更需要后一种基本问题。

现在你对什么是基本问题有了一个更好的了解了，我们将继续探讨何时提出基本问题以及为什么要提出基本问题。（注意：尽管你可能已经了解了什么是基本问题，但这并不意味着你就能自动提出好的基本问题。在第3章里，我们将对如何提出和提炼基本问题进行探讨）

常见问题

（1）我的校长说，在我们的每堂课上，至少要提出一个基本问题。我发现这很难做到，你们有何建议？

在理解性教学设计中，我们选择了一个单元作为教学设计的核心，这是因为理解性教学设计的关键要素——迁移目标、理解、基本问题、理解的表现等——太复杂和多样，在单独一堂课上很难令人满意地面面俱到。尤其是基本问题旨在关注长期学习，因此随着时间的推移，这些问题可能会不断被涉及，而不是在一堂课结束时必须对该问题做出回答。不仅在每堂课上要提出新的基本问题不是件容易的事，而且可以预见这样做的结果可能是提出一些肤浅的导向型问题，最多是引导型问题。

或许你的校长已经做好了准备，但我们希望他能够区别经常使用基本问题（这是我们所赞同的）和每堂课使用一个新的基本问题之间的不同。在许多教学过程中，我们可以使用一两个真正的基本问题来构建学习，或许你应该向你的校长推荐这本书！

对第五页练习的解答

问题	基本问题 是/否	点评
1. 黑斯延斯战役发生在哪一年？	否	这是一个带有唯一正确答案的事实性问题。
2. 有效的作者是如何吸引和抓住读者的？	是	这个问题鼓励探究有效写作的多方面因素，包括不同体裁、读者对象、写作目的、作者的意愿表达以及组织结构等。
3. 基因决定命运吗？	是	问题设计在于能引发思考，这是一个开放式问题（不要被语句的陈述方式所迷惑）。
4. 那么，象声词是什么？	否	尽管问题的提问形式可以唤起困倦的学生，但它不是真正开放式的探究型问题，最多只能让学生学到一个新名词。
5. 有哪些例子能说明动物对环境的适应性？	否	这个问题有助于学生理解生存适应的概念，不过，在课本其他地方，也能找到具体答案。
6. 算数的极限是什么？	是	这是一个开放性问题，在各年级的数学课上被广泛引用；这个问题是要帮助学生理解一个重要而抽象的概念：数学中使用的工具和方法都是既有优势又有不足的。

（2）对于启发型问题和基本问题，我有点搞不清楚。有些你举例的基本问题，比如"有效的作者是如何吸引和抓住读者的"这样的问题，似乎更符合启发型问题的定义，例如，具有非开放式的结构，用以引发深层次的探究，用以重点学习某个课程内容或活动等。

你是对的，这两种问题只存在细微的区别。就像我们在本章中所说的，这全在于你提问的目的是什么。如果你的目的是要得到一个唯一的、最终的、毫无疑问的答案，那么这个问题的核心就是要启发学习者得出这个答案；不过，如果你的目的是要一直追问下去，那么即使我们暂时得到了言之有理的答案，但是这个问题仍然属于基本问题。

第 2 章

为什么使用基本问题

在理解性教学设计和其他课程设计框架里，基本问题通常被列为其因素之一。为什么与任意的问题相比，这种问题是必需的呢？如果教育计划是由问题构成的，那么如何才能组成一个好的教育计划呢？简单地说，基本问题使我们的教学单元计划更有可能关注重点突出的、有思想的学习和学习者。最好的基本问题如果处理恰当的话，可以让学生清楚地懂得在课堂上只被动学习是不行的，学习应该是思考的过程，而不是随意选择的过程。

另外还有其他一些原因可以说明教学单元要围绕重要问题进行组织。使用基本问题有以下几方面的原因：
- 标志着教学的主要目的是进行探究；
- 使单元教学更有可能调动智力因素；
- 有助于教师明确和突出教学重点；
- 为学生提供透明度；
- 鼓励和培养学生的元认知；
- 鼓励建立学科内或跨学科的联结；
- 支持有意义的差异。

让我们对以上使用基本问题的目的逐一进行详细探讨。

标志着教学的主要目的是进行探究

成功的探究能引导我们"看清""抓住""弄清楚"事物最初让人费解、不清晰或看似碎片的地方，因此提问意味着达到了新的、更有启发意义的顶点。不过，这些新的意义很少是最终的结果。的确，我们的目标是把学生培养成积极主动的、具有探究精神的、坚定的探究者，能够不断地思考重要问题和可能的意义。当其他人"不知道"的回答是为了逃避不思考的习惯、观念和教条时，《皇帝的新衣》中的孩子、《小熊维尼》中的维尼熊、《柏拉图对话录》中的苏格拉底都在提醒我们要坚持质疑和提问。一旦我们学会了提问——真正的提问，我们就能够避免成为那些想让我们不去对他们的言论进行深入思考的政客、广告商或恃强欺弱的同事的牺牲品。

简而言之，教育的一个主要的长期目标就是把学生培养成更好的发问者，因为最终——随着现代社会中大量的知识快速地被淘汰——提问的能力成为进行有意义的学习和获取智力成就的关键。因此，即使在其他人可能停止发问或避免发问时，你希望你的学生能够不断地追问什么样的问题呢？即使我们已疲于应付解决复杂问题所带来的挑战，我们又应该坚持什么样的问题呢？无论什么学习科目，这些才是值得构建学习的基本问题。

显然，这是对读者而言的，作为教育者来说，我们的集体行为经常会表现出盲区或相互矛盾之处。反复的研究表明，教师的绝大多数提问都属于导向型问题和低水平问题，仅仅关注事实性知识。以下是针对这个研究发现进行的总结（Pagliaro, 2011）。

据报道，自从1912年开始第一次关于提问的研究，人们就注意到，绝大多数教师的提问都是低水平的（雷格，1993；威伦，2001；雷格、布朗，2001）。而且，从小学到大学，这些低水平的问题一直占据教师课堂提问的主导地位（阿尔贝加里亚-阿尔梅达，2010）……最近的一项研究表明，教师每天会提300~400个问题（莱文、朗，1981）。另外，教师在提问时还喜欢追求快速提问。教学三年级阅读课的教师平均每43秒提出一个问题（甘布里尔，1983），初中英语教师在课堂上平均每分钟要提问5个问题。

在许多课堂教学过程中，我们很少听到对一些具有激发性意义问题的持续提问，即使在黑板上已经有了基本问题！事实上，教育的巨大挑战——在教育中，教学标准喜欢关注学习内容而不是持续的探究——是要避免通过未经优化的学习内容被动地引导学生学习。

在理解性教学设计的单元设计模块，基本问题在第一阶段就被提出，为所有其他单元确立了目标。这种设计意在说明这些问题是教学的目标，而不仅仅是我们希望学生学习的一套答案。我们将这些问题称为目标，其深层含义是说，不仅是获取知识，开发和深化理解也是教育的长期目标，而理解力只有通过不断的发问才能进一步获得。我们极少见到乍一看就能理解的新的、复杂的教学知识或经验，这也是为什么我们说知识是学到的，而理解力是随着时间推移获取的。这种学习结果无法像事实性知识或独立的技能练习那样简单地进行迁移（更多的有关知识学习和能力获取这两个目标之间的区别请见威金斯、麦克泰格所著《理解性教学设计》，2011，2012）。因此，基本问题是通向理解的钥匙，也就是说，通过探究问题，学习者在构建自己的意义。

使单元教学更有可能调动智力因素

要使学习变得充满活力和主动性，一个经得起检验的方法是围绕那些有激发性和反思性的问题来建构课程，然后在帮助学生解答这些问题时，把教学内容编织进"答案"或"工具"中。最好的基本问题是经过设计的引起思考的问题，这些问题的本质是让学生加以思考。正如在第1章所提到的，只有当一个问题能够唤起、提高或挑战思想时，这个问题才能被称为基本问题。

从教学法的观点来看，我们寻找的问题有可能激发学生去做两件事情：一是不满足流于表面的肤浅答案，而是积极、主动地进行探究；二是在探究的过程中愿意学习与之相关的知识。这也是为什么最好的问题如果使用恰当，能够使学习变得更加活跃和快乐的原因。当此类问题得到有效使用时，学生经历的那些无意义的单调学习就会少很多，因为他们会以一种更为有意义的方式获取知识和技能，学习的本质也因此更具有目的性和积极性，学生也更有可能将需要理解和持续提高的学习坚持到底。

难怪模拟游戏、电子游戏、体育活动能够让人如此投入，运动员也乐意忍受单调的技能培训和痛苦的训练。每个足球比赛和游泳比赛的背后其实是一系列有趣的问题，比如：

- 我们怎么才能获胜？
- 我们需要怎么做才能提高？
- 我们的强项和弱项是什么，如何扬长避短？

这些问题会不断被提出来，因为每场新的游戏和比赛都会带来新的挑战，而动脑去思考如何在实际挑战中做得更好，是产生行为动机的关键。

实际上，优秀的教练会把这些隐性问题变成显性问题。格兰特从他女儿的具有40年大学和中学教学经验的老足球教练那里明白了这一点。这位教练与许多其他同事不同，在中场休息时，他并不做训诫，而是问：

- 到目前为止，哪些战术对我们来说是有效的？哪些是无效的？
- 为什么它不起作用，我们怎么做才能提高？
- 哪些战术对其他球队有效？我们怎么来应对？

尽管这位教练讲得很少，但他带出的姑娘们却都成了非常好的球员。这种苏格拉底式教学法的结果是，他们学会了"思考足球"，并且不断地被新问题中出现的挑战所刺激。

从6年级英语/语言艺术教师那里，我们同样也可以看到好问题的作用。这位老师用了以下基本问题来引导学生的写作和同伴评审。

对作者来说：你的写作目的是什么？你的读者是谁？就你的写作目的而言，哪些文字是有效的，哪些文字是无效的？对这些问题的回答会与草稿钉在一起，以备同行评审。

对审稿人来说：作者在多大程度上达到了写作目的？你最感兴趣和最不感兴趣的部分是哪些，为什么？

正如教师和受访学生所说的，读者最不感兴趣的地方一定是最可教的地方，在这些地方，我们可以抓住概念发展、组织、用词和结构的教学契机。因此，基本问题的框架和积极提问的效果使具体的教学内容对学习者来说变得更加相关、适时和可接受。（这位教师的学生在州写作

评价中的成绩表现明显优于该地区其他学生，这也并非偶然）

有助于教师明确和突出教学重点

几乎每个我们认识的教师都面临一个普遍的挑战，那就是太多的教学内容使他们没有足够的时间去逐一达到最佳教学状态。然而，一旦我们确定了教学内容，在教学计划和教学实施之间还是存在矛盾。对教师来说，似乎每个教学内容都是重要的、相互关联的——这也是这些内容被选为教学内容的原因！但从学习者的角度来看，如果每个内容都是重要的、相互关联的，那么从根本上来说就没有什么是重要的了。

你们可能还记得，基本问题的判断标准之一，是指向大量的、可迁移的概念和过程。的确，基本问题为按照课程标准筛选内容提供了实用性工具，它促使教师在关注教学内容时，可以以一种更为清晰的方式呈现重要观点。正如教师们再三向我们表达的，基本问题帮助他们聚焦教学重点，筛选重要的知识点并以理解或知识迁移的方式记住最为重要的部分。（在下一章节，我们将为大家提供使用基本问题来解读和判断课程标准重点的具体技巧）

在历史和科学之类的科目中，这种需求尤为迫切。教科书在有限的组织框架里，为我们呈现了大量的信息，而这些信息对学生而言，通常没有明显的关联性或缺乏知识点之间的连接。当教师被迫按照课程标准想要"覆盖"所有指定的教学内容时，其结果只能是在一堆没有重点的材料中按部就班地单调前进，没有明确的教学目标，也没有任何有助于理解教学工作的想法。

那么该怎么做呢？下面讲的是一位教授全球化研究的教师是如何围绕一系列基本问题来组织整个课程的。

在这个案例中,教师使用一套常用问题来推进课程,并允许我们将课程内容与生活联系起来:

- 我们是怎么认识我们自己的?
- 我们应该关心哪些人?
- 引发矛盾的原因是什么?为什么人们会对他人滥用权力?
- 全球合作对人们是有利还是有弊?我们的政治和经济选择是如何影响他人的?
- 有人权吗?人是平等的吗?"所有人都拥有人权并生而平等"这句话是什么意思?
- 在这个世界上,我们对他人负有哪些责任?政府对人民负有哪些责任?企业对员工负有哪些责任?
- 有对与错吗?如果有,我们是怎样认识到的?一个人如何才能正直地生活在这个世界上?一个人的选择、言语、行为是如何反映他的价值观的?
- 在生活中,我们要取得成功,需要养成什么样的习惯和态度?学习全球化研究课程对此有何帮助?
- 我们应该相信哪些信息?我们如何才能知道哪些信息是可以相信的?
- 我们如何了解我们对过去的认识?历史学家的主要责任和挑战是什么?

在每年开始时,这位教师就会使用这些问题来分析课程内容,促进小组讨论。但是到春季时,他就会把整个课堂交给学生,学生的工作是通过课堂将最近新学的内容(如古巴导弹危机、种族隔离、阿拉伯之春等)以自己的方式与基本问题建立联系。通过一步一步渐进的过程,这些学习小组在探究某个主题的过程中学会了担当，学会了将学习与特定的基本问题建立联系，并且将自己的探究结果展示给全班同学。这些反复出现的基本问题在为课程带来连贯性和关联性的同时，也使学生在与学习内容建立丰富的概念联结的过程中，变得更为有效和自主。

当我们在教学中遇到困难时，这种通过问题来凸显课程重点的做法会更加有效。通过围绕一些关键问题来设计教学以及通过不同的教学内容来反复使用和强化这些问题，使我们在遇到疾病、下雪天或其他不可避免的突发事件而扰乱了教学计划时，能够轻而易举地放弃某些不重要的教学内容。很少有教师能看到经过自己精心安排的课程计划可以完美实现，每个学年都会遇到一些问题和麻烦，导致放慢教学脚步。但是，如果我们的教学工作是围绕重点问题组织实施的，那么当遇到意外事件时，我们就更有可能保持学习的重点性、连贯性和愉悦性。

为学生提供透明度

学生面对的问题无疑比教师更加棘手。作为完全的新手，他们不仅要理解每个新的主题、课程和活动，而且要能从所有新问题所呈现的容易令人混淆的内容中判断出最关键的部分。与基本问题对教师所起的关键作用相似，当学习者迈入一个全新的知识领域并不断探寻正确方向时，基本问题可以作为学习者的"灯塔"或"试金石"。如果学生有信心用几个问题来囊括所有的学习内容并提出学习的组织框架，那么他们对判断课程学习方向的焦虑就会大大降低，同时，他们将学习内容与自己已有经验建立联系的能力也会随之提高。

多年前，格兰特在自己执教的学校，多次看到由问题聚焦学习产生的力量以及对降低学生焦虑产生的作用。在开始新的单元教学时，通过提出基本问题并说明这些基本问题是对学生进行最终评价的一部分,学生会明显地放松并产出更多的学习结果。以下是格兰特学校英语教师的相关案例。

阅读:《皇帝的新衣》《俄狄浦斯王》、柏拉图的"洞穴之喻"和《小熊维尼》中的《小熊维尼和小猪皮克利》。

基本问题:谁能看到,谁看不到?

写作:关于基本问题的日记和随笔。

基本问题:我试图要表达什么?我的表达清晰吗?具有说服力吗?我是否以最有力的方式将它表达了出来?

请注意,这些阅读材料是经过慎重挑选以便阐明这些基本问题的,它们能为可能的答案提供不同角度的观点。另外,教学单元是完全透明化的,也就是说,学生知道基本问题是最终论述题的基础,因此从一开始他们就能关注阅读,做笔记和讨论。

在作文中,更深程度的透明化体现在让学生探讨非虚构作品的优点及不足,并让学生总结出其他的写作标准,用以对他们自己的作品进行自我评价、同伴评价等。(几年前,这些方法在"评价量规"开始被广泛使用前就已经存在)

一些教师提出反对意见,认为这种透明性对学生来说实际上是一种伤害,因为它使学生的能力向自己理解的方向发展。我们认为,这种观点有点不真诚。大多数有经验和高效的教师都清晰了解教学单元和课程目标,并以此来设计相应的教学计划。如果这个目标是有效学习,那么,学生为什么就不能知道课程目标呢?为了更加清楚地了解透明性的重要性,你可以设想一下,当你的导师在观察你的教学并对你的表现进行评价时,如果没有告诉你他评价的依据,那将会是什么样?而这恰恰是学生在课堂上所面对的情况。在课堂上，学习和评价重点（评估标准）是模糊的、神秘的。在这里，我们可以阐明我们的观点：基本问题，在一个单元或一堂课开始时就是公开给学生的，对这些问题的探究，将有助于培养学生发现有意义、有效的学习，创造有价值的学习成果的能力。

鼓励和培养学生的元认知

基本问题所能做到的不止是帮教师和学生聚焦学习重点，特别需要指出的是，如果学生要独立进行高级学习，基本问题可以给学生提供他们需要内化和模仿的思维方式。简单地说，也就是基本问题能够为学生提供他们需要以自己的方式进行的提问。

这也是为什么我们认为让学生提出所有要学习的问题是不明智的原因。毕竟，只有专家才能掌握高级学习和思维的最有效的问题。尽管学生可以（当然也被鼓励）自己提出和解决问题，但最好的基本问题反映的是专家对有条理的探究学习的质疑和思考。（在第4章，我们会进一步探讨学生在提问和探究中作为发起人的作用）

几十年前，乔治·波利亚（George Polya，1957）在其所做的关于解决问题的原始工作中，提出了一系列著名的数学基本问题，而上述情况可在其中得到更加清晰的证明：

- 什么是未知数？什么是数据？其充分和必要条件是什么？
- 你知道什么是相关问题吗？这里有一个以前已解决，而现在与你的问题相关的问题，你会使用它吗？
- 你能重述一下这个问题吗？
- 你能明确知道每一步的对错吗？你能证明这些步骤是对的吗？

- 你会验证结果吗？你会核对证据吗？
- 你会导出不同的结果吗？
- 你会使用这个结果去解决其他问题吗？

实际上，他的关键点在于说明，无论何时，当学生遇到挑战性问题时，为什么这些起初是由教师提出的问题，最终必然变成学生的问题，并且是怎么转变的。

这里还有一个更为普遍的观点，即基本问题不是仅仅用来探讨概念、问题、事件或价值观的，而是像波利亚的问题所显示的那样，基本问题与过程和策略有关。当那些能干的实践者试图提出观点、进行研究或提高绩效时，他们会不断拿这些问题进行自问或彼此互相探讨。这也是为什么基本问题在数学、早期读写、世界语、竞技、表演艺术、历史、科学等技能型领域如此重要的原因。要想在任何领域取得成功，都必须学会对策略、态度以及结果的意义进行正确的专业提问，尤其当你处在不确定状态或陷于困惑中时。

另外，值得我们注意的是，如果没有真正需要解决的问题存在，类似波利亚这样的问题就不具有实际意义。如果你意在"只问不用"，那你就没必要进行探究或策略规划。但是在这种情况下，教育是有缺失的。技术只是一种方法和手段，而不是目的。这里的重点在于学会迁移学习，在面对挑战时能表现良好，而这些都需要策略——尤其是面对困难和处在不确定状态时（正如波利亚的问题所强调的）。即使在学习基本技能时，也会出现无穷的针对策略的问题（以及老师间的诸多争论），如哪种技能该在什么时候使用等，不管在数学、足球还是音乐教学中，都会出现这种情况。

鼓励建立学科内或跨学科的联结

许多教育工作者都在帮助学生发现学科内和学科间的学习是如何建立联结的,而基本问题为这种联结提供了天然恰当的联结点。当我们提到"恰当的联结点"时,我们的意思并不是说要在学科内或学科间围绕任意一个主题来建立某种关系。我们已经见过许多类似的案例,在这些案例中,教师和课程小组尽管经过了有目的的策划,但最终整合出的教学单元却显得被动、造作、武断和肤浅。

关于此类案例,这里有一个真实的故事。一个致力于建立学科间联结的中学教学小组设计了一个关于维多利亚时代的教学单元,英语/语言艺术课的老师让学生们阅读狄更斯的作品,社会课的老师让学生研究19世纪英国历史上的花边新闻,艺术课的老师向学生展示了那个时代的绘画和雕塑,让学生模仿。但数学课的老师却拒绝参与这个设计,因为她从这个主题中看不到任何与她所授科目相关的东西。面对这个问题,其中一个老师说:"来吧,肯定有某些维多利亚时期的数学值得一教!"最终这个教学小组以失败而告终,数学科目未参与其中(还好科学课从一开始就没有被纳入其中)。尽管这是一个有关强制、武断地进行学科联结的特殊例子,但却足以引起我们的警惕。

围绕可迁移的重要思想和与之相对应的基本问题来建立最本质和富有成效的联结,这是我们的工作。假设在这个案例中,教学单元是围绕基本问题展开的,比如:

- 艺术和科学在哪种程度上能够反映出一个时代?
- 谁是富人?谁是穷人?为什么有贫富之分?
- 一个国家的财富和影响力在多大程度上可以衡量?

- 研究过去的历史，我们能学到什么？

那么，围绕这些问题组织教学，在展现有意安排的跨学科联结时（而不是强迫进行联结），教学单元的知识逻辑就会变得更加丰富、清晰。同时我们也要注意，这些同样的基本问题也可以用在其他教学内容和教学单元中，比如大革命前的法国、20世纪的美国、技术和科学创新背景下的历史和经济发展等。的确，检验是否能够很好地按照计划的联结点建立联系的一个很好的方法，就是看是否有能力将这些基本问题应用在其他时代和问题中。

如果教学单元是由聚焦过程的问题构建起来的，那么这些基本问题对建立联结的作用会更大。比如以下问题：

- 哪些信息能够最好地解答这个问题？
- 我是怎么发现我不知道的？
- 我如何判断我找出的哪些信息是值得相信的？
- 是否还有其他我应该考虑的观点？
- 怎样才能最好地展示我所学到的知识？

支持有意义的差异

教学要面对的一个基本现实是，我们的学生先前所获得的知识、技能水平、经验以及学生的兴趣、学习风格、表现成绩的方式都存在差异（有时这种差异非常大）。即使在一个相对比较均等的学校，学生的能力、兴趣、需求的差异性也是很大的。这种不可避免的多样性也是使用基本问题来构建学习的另一个真正原因。

可能让读者感到吃惊和讽刺的是，我们并不建议对不同的学习者使用不同的基本问题作为区别差异的工具。与技能教学不同，在按照表现水平灵活组合的学习小组中，如果有合理的学习成长空间，那么我们建议对所有学习者都使用同样的基本问题。当然，这有可能造成一些学生会更全面地思考问题，更快、更深入地理解问题，但这并不意味着所有的学习者都不应该涉及重要问题。比如，当一年级的学生探讨算术这个数学概念时，我们希望所有学生都能思考"什么是数""是不是所有东西都可以用数表示"这类问题。同样，我们也希望所有二年级的学生思考以下基本问题："词语有没有描述性局限？""是什么使一首歌反复回荡在你脑海中？""简短回答在什么时候会显得不充分？"

  差异化教学的领头人卡罗尔·安·汤姆林森建议，教师应该尊重所有学生学习的能力（Tomlinson & McTighe，2006）。要做到这点，一个很实际的方法就是经常使用基本问题。在一堂课上，当向学生提出相同的基本问题时，我们其实是在向学生暗示我们对他们理解力和思考能力的尊重。相反的方法是对低学业水平者降低某些问题的难度——这种行为说明你对学生期望值的降低，在学生看来，此举很可能是对他们的不尊重。

  对不同的学生群体使用相同的问题，其意义在于对课程教学有好处。我们难免使用"一刀切"的教学方法，一些能力较低或缺乏自信的学生可能会感到学习困惑或掉队，而那些能力强的学生却又会感到枯燥乏味。而使用基本问题来推进教学，就能够改善这种引起不同反应的状况。让我们回头看一下之前所举的那个全球化研究的例子。在那个例子中，所有的问题都是开放的，每个学生都能找到最少两个或三个有趣的问题。不断回头来问这些问题，可以使那些暂时掉队或不理解教学内容的学生能够建立起多种知识的联结点，重新进入学科知识的学习。因为在这样的教学过程中，学生持续关注的是问题而不是教学内容，因此即使是最弱的学生也能够在一个或两个问题上成为合格的专业人士，进而培养起他们的自信心和能力，而这通常是他们在标准的典型性课程教学中所体会不到的。

是的，但是……

尽管如我们所描述的以及文献研究所记录的，高水平问题具有积极作用，但当我们建议使用基本问题时，与我们一起工作的许多教师会出于好心迅速表达出他们的担心。"这样是很好，不错。"我们常听到他们这样评价，"可是，我们还有太多的教学内容，这都需要让学生有时间去探询、讨论和辨析。而且我们要为之负责的考试也不会考这些问题。毕竟，我们还是要为这些考试做准备。"

我们应该尊重你们的想法，但我们还是要表达不同的意见。首先，教师的任务不仅仅是传授教学内容。教师不仅要照本宣科，而且还要起到激发学习者学习的作用。教师的任务是发现隐含在课程内容中的重要思想和逻辑，帮助学生建立起知识间的联系，并做好以有意义的方式迁移所学知识的准备。如果我们把自己的基本角色看作知识内容的传递者，那在课堂上加快语速传递知识岂不成了最好的教学方法！但如果我们希望让学生从发现学习的意义中逐步理解学习内容，那么基本问题将有助于学生对学习内容的掌握。

至于教师所关心的要为之负责的考试，很久以来我们都在讨论教师的这种担心。它其实反映了对高风险测试的本质误解以及拿什么换高分的误解。对于我们的教育体系，当教师们被迫（通常是在缺乏远见的管理者的高压下进行的）以牺牲有意义的学习方式来应对考试训练时，我们不得不说那是一种悲哀。研究结果表明，在课堂上和地方测试中增加高水平问题的数量,能够极大地提升学生在标准化测试中的成绩（Marzano, Pickering & Pollock, 2001; Newmann, 1991）。另外,我们还有一种错误认识,那就是认为目前标准化测试用的主要是多项选择题,因此他们就只能教那些只需要记忆和识别的低水平问题。通过对测试结果的分析以及对已实施的国家测试项目的考察,国家教育发展评价（the National Assessment of Educational Progress, NAEP）和一些国际评价项目（TIMMS, PISA）的最终研究结果表明,在测试题中遗漏最多的问题其实是多层推理和论断题,也就是宽泛意义上的迁移题。只有那些学会了运用所学知识去解决新问题和学习新内容的学生才能做好这些题。全范围覆盖学习内容以及死记硬背都无法提高考试成绩。的确,对于这种令人失望的为了提高标准化测试结果而进行的失败考试,应该质疑的是这种测试方法背后蹩脚的逻辑。

因此,在关注具体知识、技能以及对教学内容理解掌握的问责体系中,提倡基于问题的课程构架与之并不矛盾。因为理解和迁移需要学习者积极主动地对意义进行建构,而且长时记忆也需要对思想进行智力重构,以容纳所学知识。因此,在严格的测试中,只有那些学会了理解的学生才能够得到好成绩。

我们相信,你现在应该对什么是基本问题以及它们在学习中的作用有了更进一步的了解——这就是基本问题的"原理"。那么让我们再翻到第3章,看一下实践的问题。好的基本问题从哪里来？在具体的科目和课程中,我们应该考虑使用哪类问题？为了构建最佳学习,我们应该如何来设计基本问题？

常见问题

尽管阅读和数学中的考试题要求高级思维和思维迁移的发生（如解释新的课文段落，解决多步骤命题），但大部分社会科目和科学科目中的问题似乎都涉及对事实性知识的记忆。那么，基本问题和探究又是怎么帮助学生应对此类测试的呢？

我们承认，许多考试题都涉及记忆和低水平思维，但这并不简单地意味着囊括教学内容和为考试做准备是最好的帮助学生应对测试的方法，这其实是混淆了原因和结果。坚持要囊括教学内容的观点暗含了两个前提，即"如果我把内容全教完，你就知道了这些东西，就能轻易地在考试时用到它"，"因此这是最有效的考试准备"。但正如反思我们课堂教学的表现所看到的，这种论断是不具说服力的。学生如果没有进行心智图式的重构，就没有能力去区分所学内容，也无法将先前的知识和经验与所学内容建立联结，这样的学生会发现初始学习很困难，而且长时记忆没用。学习者就会混淆投入与产出、希望与放弃。"提及式教学"只对最聪明、能力最强、最有上进心的学生管用。

如果外部组织的测试题与教师日常评价中用到的问题差异很大，那么这种全覆盖式教学的成功率甚至可能会更低。正如在对迁移能力的研究中所阐述的，靠死记硬背学习的学生在处理不熟悉的或新的测试题时，几乎很难成功。

最后，我们将审核过的地方测试题与国家测试题做个比较：地方测试和评价模拟的是国家测试和评价的形式而不是严谨度。通常，与州或国家的测试相比，即使在成绩表现不错的地区，地方测试的测试题中涉及的高水平问题的比例也是很低的。

第 3 章

如何设计基本问题

现在，你已经对基本问题的特征和使用目的有了更好的了解，那么，我们接下来就可以集中精力来设计基本问题了。在本章中，我们会探讨以下问题：在建构单元教学时，我们怎样设计出有效的基本问题？当我们设计基本问题时，我们应该牢记哪些设计策略和技巧？我们如何对现有问题进行修订，以使它们变得更加"基本"？

如果"答案"是教学内容……

在第 1 章中，我们讨论过的设计基本问题的方法之一是通过以下思维练习获得。如果课程标准（或教科书）中列出的教学内容具体关注的是对"答案"进行教学，那么能够引出这些答案的问题是什么？比如，如果要学习的内容是关于"政府的三权分立"，那么哪些问题可以帮助学生理解其潜在的思想和含义？让我们来看看下面这些问题：

- 为什么我们需要制衡政府的权力？
- 我们如何来避免政府滥用职权？
- 领导者应该得到怎样的监督和制衡？

从这些常规的基本问题出发，我们可以提出更为具体的问题：
- 为什么联邦党提倡权力制衡，反对党又是如何辩论的？
- 美国政府三权分立制度的效果如何，有没有其他一些可行的制度？

我们还可以提出更多一般性的问题，比如：
- 什么时候分享权力是明智的？
- 什么时候通过分享权力我们可以获得（或失去）权力？
- 权力制衡是否会不可避免地导致政府陷入僵局？

这里的观点非常明确——以这种方式对教学内容进行提问，我们可以帮助学生逐步理解和明白学习内容的重要性和意义。相反地，我们也可以让学生记住政府的三个分支以及各自的职责等事实性知识。但是这种方法的有效性如何呢？这种死记硬背的学习是否能让学生理解与政府有关的当前和未来发生的事情呢？显而易见，不能。

通过分解课程标准来设计基本问题

基本问题可以从国家、州或地方课程标准中产生。这里有一个有效地分解"标准"的步骤。拿出一套标准，找出标准里列出的重要动词和名词（尤其是那些重复出现的名词）。通常那些在陈述语句中伴随关键性动词出现的名词就是重要性概念，这些概念就形成了需要学生探究的重要问题的基础。表 3.1 列出的是国家英语/语言艺术课程和数学课程的通用核心标准以及新版科学课程标准（草稿），其中黑斜体字列出的是核心动词，黑体字列出的是核心名词。

表 3.1　通过分解课程标准设计基本问题

英语/语言艺术课程标准对"阅读——中心思想和细节"的规定	相关基本问题
1. *仔细阅读*，*判断*课文明确表达了什么，并做出*逻辑推理*；当用来证明从课文中*得出*的结论时，请引用*具体的出自课文的论据*。	● 基于课文，我能得出什么逻辑推理？ ● 课文中有哪些具体论据能够支持我的观点？
2. *确定*课文的*中心思想*或主题，并*分析*其*发展*；总结关键性细节论据和思想。	● 贯穿课文的中心思想是什么？ ● 中心思想是如何展开的？ ● 有哪些课文的细节性描述能支持我对中心思想的论点？
数学课程标准对"教学内容"的规定	**相关基本问题**
1. 理解*加法*就是*加入*或*放在一起*，*减法*就是*分开*或*拿走*。	● 这些部分放在一起可以成为一个什么样的整体？ ● 还剩下什么？ ● 应该拿走哪些？
2. 对*函数*进行*定义*、*求值和比较*。用函数来*模拟*数量之间的关系。	● （对模糊数据来说）是否有函数关系？
数学课程标准对"练习"的规定	**相关基本问题**
1. *搞清楚*问题的意思并*坚持*解决问题。	● 有效的问题解决者是如何做的？ ● 当我遇到困难时，我该如何做？
2. 有策略地使用*合适的工具*。	● 如果目标是有效解决问题，那这里能使用的最合适的方法和/或工具是什么？ ● 什么工具有助于使得解题变得更为有效和精确？

续表

新版科学课程标准	相关基本问题
1. **计划并实施调查**来确定对物体形状和方向能产生的**有效作用力**。	• 为什么这个物体会这样移动？ • 为什么这个物体是这种形状？ • 是哪些显著的作用力引起了那样的效果？

同样的方法还可以用来分析任何课程标准和学习结果。以下是对艺术和物理课程标准的分析，各自列出了相应科目中整体和局部的基本问题。

艺术课程标准：理解**舞蹈**是一种创造和交流思想的方式（国家艺术教育协会，1994）。

整体性基本问题：艺术家是怎样淋漓尽致地表达他们的思想和感受的？媒体是怎样影响信息传播的？

局部性基本问题：通过舞蹈我们可以表达什么样的想法和感受？动作是怎样表达感情的？

物理课程标准：在**运动技巧**的学习和应用中运用动作**概念**和**原理**（国家运动和体育教育协会，2004）。

整体性基本问题：哪些反馈能够有效地提高表现？哪些练习能够达到完美？

局部性基本问题：我们如何才能控制好并掌握最大的力量？什么能够使距离、速度和精准度最大化？

试着亲自按以上方法来分解课程标准吧。

基本问题源于要理解的目标

正如第 1 章所提到的,基本问题往往与我们希望学生理解的重要思想有关。这些思想是所有科目的核心,它们不受时间影响,跨主题并通过一些概念(如现代"扁平"世界)、主题(如爱能征服一切)、问题和讨论(如顺其自然与培育教养)、悖论(如富足中的贫困)、复杂过程(如科学隔离和变量控制)、持续性问题和挑战(如全球变暖问题)、有影响力的理论(如天定命运)、既定政策(如强制性退休年龄)、重要设想(如市场是理性的)或不同观点(如恐怖主义和自由主义)来体现。在发现和设计基本问题时,这些分类是非常有用的。表 3.2 是关于营养学话题的一个例子。

表 3.2 营养学:从概念分类到基本问题

概念分类	例子	基本问题
概念	肥胖	理想体重是多少?
主题	平衡膳食	我们应该吃什么?
理论	饮食影响生命期限	我的饮食是如何影响我的生活的?
政策	政府税收或对含糖饮料和酒精饮料的禁制	政府在人们饮食上是否应该有发言权?
问题/争论	复合维生素的价值和转基因农作物	天然的东西是否更好?
假定	一日三餐是最好的	我们隔多长时间吃一次,一次吃多少?

续表

概念分类	例子	基本问题
观点	美国蛋产品委员会:"不可思议的可食用蛋产品。" 美国心脏协会:"控制胆固醇的摄入。"	在饮食方面,我们应该相信谁?

理解就是你希望学生经过学习、探究能够掌握的那些关于重要思想的具体见解、推论或结论。在《理解性教学设计》一书中(威金斯、麦克泰格,2005),我们建议课程规划者以完整的陈述句形式来表达希望学生理解的内容——你希望学生理解的具体的重要概念和思想。比如:"我希望我的学生能够理解,在民主政治中,成文宪法和法律条例是捍卫公民权力的根本。"

因为理解是抽象的,不是对事实性东西的记忆,因此人们一般认为理解是不可教的,只有通过引导性的推理才能帮助学习者得出、认识或验证结论。这种观点认为,基本问题在教学中对加强学生的理解起着关键作用。就像这本书的书名所说的,基本问题能够帮助学生打开理解之门,也就是说,学习者通过不断探寻基本问题,会越来越走向理解。换句话说,基本问题帮助学习者将抽象的概念和毫无联系的事实建构起了意义。

因此,设计基本问题最直接、简单的方法就是采用我们希望学生理解的内容来设计。表3.3列出了不同科目的做法。当然,反过来也是一样的,理解可以源于基本问题。

表 3.3　源自理解目标的基本问题

理解目标	可能的基本问题
源自不同文化的伟大文学作品探讨了经久不衰的主题，揭示了人类社会不断发展的方方面面。	• 源自其他地方和时间的故事是如何（在多大程度上）与我们发生关系的？
统计分析和结果通常展示了数据的模式，它使我们能够自信地进行预测。	• 你能否预测未来？ • 下面会发生什么？你怎么能肯定？
人类同时在加工语言和非语言信息。当语言和非语言信息一起使用时，你的交流会变得更加有效。	• 什么使伟大的演讲者变得更伟大？ • 伟大的演讲者如何使用非语言信息？
患难之交见友谊。	• 谁是真正的朋友？你是怎么知道的？
有效的游说者会使用与被游说对象的需求、兴趣、经验相匹配的技巧，并对反对意见进行预测和反驳。	• 如何才能更具有说服力？

从整体性问题得出基本问题

在第1章中，我们注意到，基本问题的大小和范围有所不同，比较宽泛的基本问题具有"宏观性"，这些问题的范围超越了任何给定的单元主题，有时甚至超越了教学科目领域。虽然宏观问题比我们用来探讨具体主题的问题要宽泛，但这些问题十分有助于产生专题单元的基本问题。让我们从表3.4来看一下局部（单元）性基本问题是如何从普遍（整体）性基本问题中产生的。

表 3.4 从整体性基本问题派生出局部性基本问题

科目	整体性基本问题	局部性基本问题
文学	● 好的故事是怎么形成的？ ● 有效的作家是如何吸引和抓住读者的？	**魔幻小说单元** ● 魔幻小说的特别之处是什么？ ● 优秀魔幻小说家是怎么吸引和抓住读者的？
公民/政体	● 我们是如何监督和平衡政府权力的？为什么要这样做？	**美国宪法单元** ● 宪法以什么方式来限制政府对权力的滥用？
视觉艺术	● 艺术是怎么形成和反映文化的？ ● 艺术家是如何聪明地选择工具、技术和材料来表达思想的？	**面具单元** ● 面具和面具的使用是如何反映文化的？ ● 工具、技术和材料在创造不同文化的面具中是如何使用的？
科学	● 生物的结构是如何维持它在环境中的生存的？	**昆虫单元** ● 昆虫的结构和行为是如何帮助它们生存下去的？
社会	● 为什么人们要迁居？	**移民单元** ● 哪些因素引起了当今世界的移民？
数学	● 如果公理就像游戏规则，那么我们应该用哪些公理来使游戏做得更好，什么时候我们应该改变规则？ ● 必要假设与任意假设的区别是什么？	**平行定理单元** ● 公理应该这么复杂吗？ ● 公理有多重要？什么使公理这么重要？

下面是位于美国佛蒙特州西部的米德尔堡珀穆普若格地区 15 个学区所设计的一套有关数学的整体性基本问题：

- 数学是如何用来量化和比较状况、事件和现象的？
- 物体和过程的数学属性是什么？是如何测量和计算的？
- 空间关系，包括形状和尺寸，是如何被用来绘画、构造、建模、模拟和解决问题的？
- 数学是如何被用来测量、建模和计算变化的？
- 我们所收集信息的模式是什么样的，它们有何用处？
- 数学如何被用来建模，帮助我们解释数据和做出预测？
- 以什么样的方式表现数据，才能让数据精确的意义简明地呈现给特定对象？
- 数学模型和数据的曲线图是怎么帮助我们更好地理解我们所生活的世界的？
- 有效的问题解决者是如何做的？当他们遇到困难时，他们又是如何做的？

一旦这些整体性问题被确定后，数学教师就会发现，他们能够轻易地从这些问题中找出可以涉及所有年级所学概念和技能的问题。这样他们就不用再为每一单元去设计新的问题了！这些整体性问题因为大多与复杂的教学内容有联系，因此可以贯穿所有年级的教学而不断被反复使用。实际上，无论是对于同一学科的教学还是跨学科的教学，只要围绕一系列循环式问题来循序渐进地推进课程就实现了知识的连贯性，加深了学生对于基本概念和原理的理解。

所有科目都可以设计出整体性基本问题。这些问题一旦确定，就能帮助教师生成更为具体的问题；另外，还有助于学习者通过探究这些能反复应用于不同年级、不同主题的问题，逐步发现学科中更为关键、更具迁移性的知识。

考虑可能或可预见的错误认识

基本问题的另一个丰富来源是学习者通常持有的对易混淆概念和抽象概念的错误认识。有经验的教师注意到了这个现象：学习者经常会表现出对某些概念和技巧的根本性错误认识。另外，对学生错误认识的研究，尤其是在科学和数学学科方面，可以用来设计丰富的基本问题。表3.5列出了可能的错误认识以及与之相关的基本问题。

表3.5　错误认识和相关的基本问题

错误认识	可能的基本问题
只要是写下来（写在课本、报纸或维基百科里）的，就是真的。	●对我们读到的内容怎么去判断真伪？
等号（=）的意思是说你必须找到答案。	●这些价值是否相等？ ●是否有等式可以简化这个问题并帮我们解决它？
科学方法无非是反复实验。	●有哪些主要变量是需要控制的？ ●什么是有效的调查？ ●我们如何来检查科学发现的有效性？
不管你是否生来就有才华（如绘画、歌唱、手眼协调），如果你不具备天生的才能，你还不如放弃。	●什么使一个好的艺术家变得伟大？ ●天才是90%的努力加10%的灵感（托马斯·爱迪生），这话有多少真实性？ ●我们怎样提高艺术表现？ ●我怎么来提高我的表现？

因为新的学习是建立在先前知识的基础上的,因此在开始新内容的教学前,教师有必要使用前置评价来找出学生存在的可能的错误认识。就这一点而言,当对学生进行前置评价时,基本问题可以作为评价中的检测手段。

考虑理解性认识的不同方面

在《理解性教学设计》这本书里(威金斯、麦克泰格,2005,2011,2012),我们建议通过不同方面或指标来评价理解性认识。我们确定了六个方面:说明、解释、应用、转换视角、移情、自我认知等。尽管最初是作为评价理解的指标的,但这些方面在设计课堂提问包括基本问题时被证明是有用的。表3.6列出了基于理解六要素的一系列引发性问题和提示性动词。

表 3.6 基于理解六要素的引发性问题、动词和基本问题

理解的要素和引发性问题	提示性动词	基本问题样例
要素1:说明		
_____是怎么出现的?为什么会这样? 是什么引起了_____? _____的结果是什么? 我们如何证明/确认/证实_____? _____是如何与_____相关的? 我们如何帮助其他人来理解_____?	● 联系 ● 证明 ● 起源 ● 描述 ● 设计 ● 展示 ● 表达 ● 引起 ● 指导	9·11恐怖袭击的原因和结果是什么?

续表

理解的要素和引发性问题	提示性动词	基本问题样例
	• 证明 • 模拟 • 验证 • 显示 • 综合 • 教学	
要素2：解释		
_____的意思/含义是什么？ _____揭示了关于_____的哪些方面？ _____是如何与我/我们发生关系的？ 那又怎样？这为什么很重要？	• 作类比 • 评论 • 描述 • 使有意思 • 使有意义 • 提供暗喻 • 理解字里行间的意思 • 表现 • 讲故事 • 翻译	为什么他们恨我们？（"恨"是否是一个正确的术语？）
要素3：应用		
我们如何并且在什么时候使用_____？ 在更大的范围内如何使用_____？ _____如何帮助我们_____？ 下面会发生什么呢？	• 适应 • 建立/建构 • 创造/发明 • 调试 • 决定 • 设计 • 执行	怎么避免再次发生9·11之类的恐怖袭击？（或者我们能避免吗？）

续表

理解的要素和引发性问题	提示性动词	基本问题样例
	• 创造 • 建议 • 解决 • 测试 • 使用	
要素4：转换视角		
关于_____的不同观点是什么？ 从_____的观点来看会怎样？ _____与_____有哪些相同或不同之处？ 这是谁的事情？	• 分析 • 论辩 • 比较 • 对比 • 批判 • 评估 • 推测	9·11劫机者的故事是怎样的？
要素5：移情		
穿着_____的鞋走路会是什么样？ 如果你是_____你会感觉怎样？ _____对_____会感觉怎么样？ _____试图让我们感知/看到的是什么？	• 相似 • 开放 • 相信 • 考虑 • 想象 • 相关 • 角色扮演 • 模仿	是什么导致了自杀式炸弹袭击？
要素6：自我认知		
我真正知道什么？我是怎么知道的？ 我对_____的认识的局限性是什么？ 哪些是我的盲点？	• 意识到 • 了解 • 识别	9·11恐怖袭击在哪些方面改变了我或我的人生？

续表

理解的要素和引发性问题	提示性动词	基本问题样例
我在_____方面的优势和不足是什么？ 受我的经验、习惯、成见、文化等影响，我对_____有哪些认识？	● 反省 ● 自我评价	

基本问题和技能

与我们共事的老师们通常会发现，就概念性主题（如文学主题、科学原理、历史演进模式等）来设计基本问题比针对基于技能的学科（如器乐、体育、初级世界语等）来设计基本问题更为水到渠成。实际上，我们曾遇到一些老师说，基本问题对他们没什么用，因为"我只教技能"。尽管我们理解他们所说的，但正如我们在之前章节中所说的，我们并不同意他们的观点。

在所有的技能背后，都隐含着重要的目的和策略。正如第2章中提到的波利亚在解决数学题时所提出的基本问题一样，这些策略和目的形成了有效的基本问题的基础。实际上，对此类问题的考虑是达成技能教学的最终目标——流畅的和灵活的表现——的基础。我们发现，成功地设计基本问题，可以围绕四类与有效技能学习有关的内容来进行：

1．基本概念；
2．目的和价值；
3．策略与战术；
4．使用情境。

让我们来看一个体育教学和田径运动的例子。对于需要挥动长柄技能的体育运动，如棒球、高尔夫球、长曲棍球、冰球、网球等，基本概念包括力量、力矩和控制。因此，正如我们所建议的，我们可以围绕对这些基本概念的探讨来形成问题，比如"力矩是怎么影响力量的"，或者更为普遍的，我们可以提出"你如何才能做到不失控地用最大力量去击球"这样的问题，以此来帮助学习者发展有效挥拍的策略（如眼睛盯着球或冰球，然后随球持续跟进动作）。还有一个问题是与情境有关的，即"我们什么时候应该轻轻地挥拍"。

同样的分类也适用于技能学习领域对基本问题的设计，比如阅读教学：

- 你怎么知道你理解了所读的内容？（基本概念）
- 对读者来说，定期对自我理解力进行评价有多重要？（目的和价值）
- 对于好的读者来说，当他们不理解文本时，他们会怎么做？（策略）
- 我们什么时候应该使用"改进"策略？（使用情境）

表 3.7 列出了其他一些在进行技能教学时可能会使用的基本问题。

表 3.7 技能、策略和相关的基本问题

科目	技能	策略	相关的基本问题
阅读	"听出"不熟悉的单词。	运用背景线索来理解单词的含义。	●作者试图说明什么？ ●我怎样才能推断出或找到这些词的含义？
写作	模仿五段式论文结构进行写作。	将你的词汇选择与写作目的、读者群对应起来。	●对于这样的读者，我应该怎么做才能最好地达到我的目的？

续表

科目	技能	策略	相关的基本问题
数学	分数的除法：把除法的分子、分母交换位置并相乘。	问题解决方式： • 简化等式。 • 从计算结果开始倒求。	• 如何把未知转化为已知？ • 最后最具启示作用的方式是什么？
视觉艺术/图像设计	用色轮选择需要补充的颜色。	运用颜色来强化你希望激起观众共鸣的情感。	• 我想让观众得到什么感受？ • 怎样才能更好地表达出来？
木工	用正确的方法使用带锯机。	测量两次，切割一次。	• 如何最有效地节约时间、金钱和力气？
器乐和键盘	练习以获得熟练的表演技巧。	为了使练习达到最佳效果，必须明确目标，不断调整表现，注意反馈并做出必要的调整。	• 如果练习能达到完美，完美的练习是什么样的？

正如之前章节所提到的，在判断问题是否是基本问题时，目的是最重要的考查内容。因此，在关注技能的教学过程中，为了引发真正的探究，而不是仅仅提出引导性问题，我们要从需要采取策略完成的问题和任务中提出与策略和价值有关的问题。

相应地，只有当处于真实的问题挑战情境中，需要不断进行判断和调整时，技能领域的问题才是基本问题。在现实世界中应用技能时会发现，死记硬背式的学习是很难起作用的。技能是手段而不是目的，学习技能的目标是迁移——在不同情境中流畅、灵活、有效地表现。达到这个目标需要有从全部技能中做出明智选择的能力——也就是说，当面对复杂的任务挑战时，能够知道选择使用哪一种技能以及什么时候、如何和为什么使用这种技能。

修订基本问题

要设计出好的基本问题并非易事。甚至在某一学科有深厚知识和丰富经验的教师也认为，设计基本问题是件棘手的事情。就像杰罗姆·布鲁纳（Jerome Bruner，1960）曾经所下的著名论断那样："就某一具体的学科专业或概念来说，能很容易提出一些微不足道的问题……也很容易提出一些难以想象的难题。困难在于要找到处于这两类问题之间的问题，这样的问题应该既有答案，也能对你有所启发。"

的确，设计出好的基本问题的能力属于学习技能，初次尝试时，很少有人能设计出完美的基本问题。我们发现，如果把对基本问题的设计看作某种写作和写作过程，通常它需要起草、反馈和修改，这样做将有助于形成基本问题。

检查和修改基本问题的一个小窍门，是对照第1章给出的基本问题的7个特点对设计的基本问题进行评价。另外，把你起草的基本问题拿给其他教师（尤其是那些了解基本问题的教师）征求意见也是一种办法。在课程设计中，要想轻而易举地推进你的工作或者突破课程设计者设置的障碍，有时需要的只是换一种解决问题的角度，以此取得突破性进展。

坏消息是，正如前面所说的，设计出能够满足我们标准的基本问题并非易事；好消息是，这种技能可以通过练习逐步提高。为了帮你习得这种技能，请看表3.8所列出的初始基本问题和修订后的基本问题以及对修订前后基本问题进行评价的例子。

表 3.8　基本问题的修订

初始基本问题	对初始基本问题的评价	修订后的基本问题	对修订后基本问题的评价
什么是非小说类文学作品？	这是一个定义性问题，可以有明确的答案。	非小说类文学作品的作者要表达一种观点需要得到哪些许可？	修订过的问题探讨了一个与历史和当前相关的有趣的灰色地带问题。
这种饮食结构与政府颁布的营养指南的契合度如何？	对于这个问题，需要一些分析和评估，但也能得到"正确的"回答。	我们应该吃什么？	这个问题更具开放性，有许多潜在的探究和辩论空间。
乱砍滥伐雨林有什么好处吗？	对于这个问题，需要收集信息和进行分析，但它的答案会是一张列表。	对雨林的乱砍滥伐所付出的代价在多大程度上超过了所带来的利益？	修改过的问题拓宽和深化了探究面，需要进行更复杂的分析；更有可能激发正反两种观点的辩论并深化研究。
我们当中谁说西班牙语？	这是一个没有任何疑问的问题，需要的是一个清单式的列表（尽管可能需要一些调查）。	你怎样才能在我们这个只说英语的团队中更好地成长？	修订过的问题更具有挑战性，需要更深入的分析以及观点的转变。
你的回答是否准确？	这是一个需要直接回答的问题。	你的回答在这种情况下是否合适和准确？	修订过的问题更具开放性，涉及了影响回答的准确性和适合度的情境问题。

续表

初始基本问题	对初始基本问题的评价	修订后的基本问题	对修订后基本问题的评价
印象派艺术有什么特点？	这是一个引导性问题，有一套确定的特点。	艺术家们为什么要打破传统，是如何打破传统的？有哪些效果？	对于这些问题，需要对艺术发展趋势和学习的泛化问题进行研究。
什么样的运动有助于健康？	这个问题需要研究，但属于引导性问题，其答案是明确的。	对于"不付出，无收获"这句话，你是否同意？	这个问题更具挑战性，很可能会引发讨论或辩论。

你是否注意到，最常见的基本问题修订方法是什么？它们常常是从收敛性的问题走向更为开放和细致入微的问题。修订过的问题意味着对之可以做出一系列看似合理的回答或经过思考的判断。对于这些问题，需要进行探究和思维拓展，它们的答案可能随着理解和认识的深入，是需要经过提炼甚至通过重新反思获得的。这里需要注意的是，尽管初始问题可以被视为学习或主题研究的一部分，但它未必是最好的建构整个探究学习的方法。

你也许还注意到，我们可以使用一些简单的技巧来进行提问，比如：到何种程度？怎么样？有多少？现在，这些微小但有用的问题修订法很清楚地说明，这些问题不止有一个正确答案，而是有一系列可能的答案。

当然，最好的测试基本问题的方法就是使用它。在实践中，这些问题是否使学习者参与了富有成效的探究？是否激发了思考、讨论甚至争辩？是否激起了反思和引向了更深的问题？是否引导了对重要事件的深度思考？如果不是，就需要对之进行修订；如果是，那么你的问题就达到了目的。

常见问题

（1）一个教学单元应该有多少基本问题和相应的知识点？

这在很大程度上取决于教学单元的范围和课时的长短。在一个科目范围内，有关某一具体主题教学的、一个课时为 2 周的教学单元，与一个跨学科的为期 12 周的教学单元相比，其基本问题可能要少一些。即便如此，在一个课时为 3～4 周的教学单元里，我们一般会设计 2～4 个基本问题。需要记住的是，基本问题的质量重于数量。一个有更多基本问题（及相关知识）的教学单元并不比一个有较少基本问题的教学单元更好。在这方面，借用海军招兵时的格言比较能说明问题：我们寻找的是"最合适的少数优秀者"。如果它们真的是至关重要的、基本的，它们就能够（也应该）被确立为优先关注的重点，帮助学习者发现核心思想。对那些你不准备主动通过讨论、研究、解决问题和其他建构式方法探究的问题，请不要列出来。最后请牢记，在教学单元里，真正的基本问题是需要我们不断提起和探讨的，所以基本问题不必太多。同样，对于理解性知识也是这样：理解性知识应该能反映可迁移的"伟大思想"，因此也不必太多。

（2）教学每个知识点是否都应该提出基本问题？

尽管不必一一对应，但在基本问题和理解、认知之间应该有明确、清晰的联结。我们可以将基本问题看作通向探究重要思想和理解、认知的大门。如果你在某个教学单元确定了一个或更多的重要认知点，你就相应能生成一个或更多的基本问题。有一个简单的测试，是在理解性教学设计的单元设计模板上，画出认知目标和相关基本问题之间的连线（见威金斯、麦克泰格《理解性教学设计》，2005，2011），那些独立的知识点和基本问题表明了需要对它们进行增补或删减，以将两类知识整合在一起。

第4章

如何使用基本问题

现在你已经了解了基本问题的特点以及如何设计基本问题，接下来我们就来看看基本问题的使用。如何才能运用基本问题来促进学生进行有意义的学习、持续的探究、深刻的思考以及必要的再认识，以使学生能够真正理解所学呢？

在本章中，我们将探讨一些实用性的小窍门和小技巧，来帮助你最大限度地提高基本问题的使用效果。虽然我们在第6章将详细探讨如何创设课堂"探究文化"，但在本章，我们需要说明的是，课堂探究文化作为成功使用基本问题关键的重要性。

没有任何的倡议、践行或政策能够确保成功。就像是面对要播种的任何种子，土壤都必须做好有益于种子成长的准备一样，教育的培养涉及信仰、价值观、组织结构、常规、协议条款和风气思潮，这些都会影响教育的行动、态度和学习效果。在一个健康的文化中，每个人的目标和行动都是一致的，这样才能共同进步。

种子和苗圃的类比从另一个意义上来说也是非常重要的。许多学生对挑战性问题的回答是尝试性的、肤浅的、天真的。每一种回答都好比是具有成长潜力的一个幼苗，需要营养和时不时的修剪。同样，对处于萌芽状态的思想的分享和提炼，只有在支持智力冒险活动的情境中才会发生。另外，这种文化必须建立在合理证据和推理的基础上，任何缺少恰当论证和佐证的文化都是存在缺陷和不足的。因此，如果我们重视开放而正规的探究方法，如果我们希望对问题的回答是经过深思的而不是轻率的，那么我们必须去培育相应的问题情境。这种培育需要我们能确保创造一个安全的和吸引人的空间，从而让学习者可以随意沉思和出神，同时，还能让学习者了解，他们的一些习惯、信念、行为会破坏自由思考和合作探究的目标。

新的规则

深入地考察探究背后的文化，其重要性源于这样的事实，即对基本问题的关注为被称为"学校"的游戏建立起了新的游戏规则。对大多数学习者来说，学校是这样一个地方，在那里，教师拥有答案，课堂提问是为了找出知道问题答案的人。具有讽刺意味的是，许多教师表示这只是游戏，他们甚至并不打算对此让学生进行交流。比如，提出的问题只需要做是/否的选择或选择唯一正确的答案；只提问举手的学生；提问短暂停顿后，教师进行自问自答等。

我们承认，这些习惯很难改变。实际上，国际数学和科学学习动态研究协会（TIMSS）所做的一些值得注意的相关性研究显示，不同的提问方法是如何吸引和逃避我们的关注的。当TIMSS在第一个研究中将美国和日本的课堂教学实践进行比较后发现，研究对象的课堂行为和课堂教学计划的理念之间存在很大差异。

在美国和日本的课堂上，教师提问的原因各种各样。在美国，提问的目的是为了得到答案。在日本，提问是为了激发思考。日本教师认为，如果一个问题能直接得到答案，就说明学生无法受到挑战，激发思考，那么这就不是一个好问题。我们访谈的一位老师给我们讲了一件她和同事之间的事情，是有关如何提高教学实践的讨论的。"你要说什么呢？"我们想知道。她说："我们把很大一部分时间都花在了讨论课堂提问的问题上——讨论哪个词最适合用来激发学生对学习内容的思考和探究。一个好的提问可以使整堂课持续很长时间；一个不好的问题产生的效果微乎其微，最多是一个简单的答案。"（Stevenson & Stigler, 1992）

所有成功的提问都始自清晰、明确的目标。因为基本问题的目标与获取知识的目标是不同的，因此这条原则就显得更加重要。所以我们必须明确地知道，当基本问题公开时，它的目标就是要让学生逐渐达到不断探究和更多的讨论，而不仅仅是寻找教师认为的正确答案。

除了要面对根深蒂固的（通常是未经核实的）观念以及教师习以为常的习惯的挑战外，在使用基本问题时，教师还需要有意识地做出努力来重新调整学生对新游戏规则的适应性。我们建议在使用基本问题时，明确地讨论它的使用目的、相关的练习以及产生的不同作用。以下这些例子为我们提供了帮助学生适应这种变化的重要做法，可供大家借鉴。

- 这个问题没有唯一正确的答案，生活是有关似是而非和不完美的选择。
- 每个人都有表达观点的权利，但最好的观点应该是具备有效证据和合理推理支撑的观点。
- 逐步理解重要思想的过程就像是健身的过程：需要一定时间的努力和练习。
- 当一个问题被写在黑板上时，就意味着我们要反复再三地考虑它了。
- 探究并不是一个旁观者的游戏，每个人都需要主动倾听和参与。

- 每个人都是公平参与者，我不会只对举手的人提问。
- 如果当我和其他人对你的意见和观点提出质疑时，并不意味着我们不喜欢你或不重视你的付出，我们只是在验证你的观点而已。
- 以一种开放性的思维考虑其他观点或许有助于你明确和拓展你的思维和认知。
- 犯错误是学习的必然组成部分。如果你从来不敢冒险犯错，那你也不可能提高、进步。这也是为什么我们质疑答案的原因——就是为了提高。
- 你也许会发现，你在对以前认为已经理解了的问题进行再思考。这是正常的，甚至是我们所期待的。

就像照顾幼苗一样，要让学生适应新的规则，需要你付出耐心，精心地为他们提供营养，不断给予提醒。随着时间的推移，新的规则将变成规范和标准，可以产生伟大的思想，使理解能力开花结果。

使用基本问题的四个步骤

使用基本问题的过程最不同于传统教学的一个方面是，随着学习不同的教学内容，基本问题不会在被提问和讨论过后就被遗忘了。特别是基本问题的全部要点（在理解性教学中表现得更为普遍），它的探究是被设计成螺旋上升的，或在问题和新的信息、经验和观点之间来回流动的。也就是说，我们需要不断返回问题进行进一步的探讨和深入的思考，以达到更为深刻的理解。

在任何成功使用基本问题的案例中，我们都能找到四个必经步骤。

步骤1：提出一个问题，用于激发探究

目标：确保基本问题是引人深思的，并与学生和目前的教学单元及课程内容相关，可以通过教材、研究项目、实验、问题、模拟问题在现实中的运用等进行探究。

步骤2：引出不同的回答并对这些回答进行提问

目标：使用提问技巧，以必要的方式，尽最大可能引出对问题的各种貌似合理却又不完美的回答。另外，根据不同学生的答案以及问题本身字里行间固有的歧义性词汇来探讨初始问题。

步骤3：提出并探讨新的想法

目标：对新的文本、数据或现象进行探究，有目的地扩大探究范围或对远远还未达到完善的假设性结论进行质疑。然后将新的回答与先前的答案进行比较，找到两者间可能相关或不一致的地方进行探讨。

步骤4：到达暂时的终点

目标：让学生对自己的调查结果、新的见解、遗留问题（或新问题）进行概括，糅合到对教学内容和过程的理解当中。

请注意，以上这些程序并不局限于单一的单元教学。我们可以用这种方法将不同的教学单元连接在一起。因此，步骤3也可以成为教学新单元的开始，在新单元中，使用同样的问题可以对新的观点进行探讨。

这里有一个科学科目中的简单例子，它问了这样一个问题："什么是科学？"在许多中学和高中的科学课上，教师通常会在第一单元或第一堂课就提出这个问题。但最常见的是，这个问题在最初经过研读和讨论后就被遗忘了，随着教学重点转向获取具体的知识和技能，这样的问题在一学年中再也没有被重新提起过（大部分的教材都倾向于这种模式的教学）。下面，让我们来看看这四个步骤是如何帮助我们更为清晰地理解另类教学方法的。在这种教学方法中，随着整个课程的进展，基本问题会变得越来越清晰和突出。

步骤1：提出一个问题，用于激发探究

举例：什么是科学？它的观点与我们通常意义上或宗教意义上对经验到的问题的理解有何异同？

步骤2：引出不同的回答并对这些回答进行提问

举例：学生阅读三篇不同的涉及基本问题的简短文章或摘编，这些材料都包含了对"什么是科学""科学是怎么起作用的""我们应该在多大程度上相信科学的结论"等问题的不同认识。

步骤3：提出并探讨新的想法（这种情况一年会有几次）

举例：要求学生做两个不同的实验，实验方法各异、误差幅度较大。同时要求学生阅读一些科学发展史上的论辩和伪发现（比如阅读卡尔·波普尔关于科学为什么先天具有可测性和试验性——可以被检验的——的著作，而与之不同，政治、社会和宗教意识形态却能解释一切；阅读理查德·费因曼关于大多数人是如何误解科学的著作；阅读大卫·休谟关于为什么我们在本质上应该质疑科学的真理性的著作）。

步骤4：到达暂时的终点

举例：要求学生就科学的本质问题对自己的调查结果、新的见解、遗留问题（或新问题）进行概括总结。

正如上述例子所建议的，对问题的恰当处理不仅要求要不断地随着时间的推移重新思考问题——"根据前面两个有关全球变暖研究与发现的实验和生动辩论，你现在认为科学是什么？"——而且教学内容必须包括对伪科学和危险偏见的认识。除此之外，教学内容还应该把现代科学思维中那些看似违反常理的方面考虑在内（现代科学思维通常会导致学生对科学本身以及科学中的观点产生普遍而持久的错误认识）。

围绕基本问题，不断反复探讨一些核心思想的做法在数学教学中极少出现。值得讨论的是，最常见而又最不幸的错误是，教师只会在导论单元对基本问题进行简短的讨论，过后就再也不会触及。而这些错误常常发生在不管什么都会基于"假设"时，如定义、原理、公理等。教材会提出一些假设，却很少论证假设，而且会急匆匆地来证明基于假设的论断。但是为什么会是这些假设呢？为什么我们不能界定基本概念呢？什么是数？这些自然而然出现的问题很快就巧妙地被传统教材和教学淹没了。

无论从教育学的角度还是从数学教学的角度来看，忽视这些问题都是一个错误。实际上，只有不断思考"我们的假设是什么，我们的假设是否正确"这样的基本问题，才诞生了现代数学。比如，在笛卡尔之前，没有人假设会有数的四次方，因为这些指数按照推测可能指向空间维度——这也是为什么我们把它叫作 x 的 2 次方、x 的平方，x 的三次方、x 的立方！由学生主导的对公理的探讨以及学习者个人空间理论的发展构成了几何教学中最著名的实验基础，哈罗德·福西特在 20 世纪 30 年代发展了这种理论，这在他《证明的本质》(Harold Fawcett, 1938) 这本书中可以找到。

确实，只有当我们让学习者参与到智力性的丰富问题中时，数学的优雅和魅力才能真正展现起来。这些问题就像：

- 为什么不能除以零却能乘以零？
- 为什么会有一些看似违背常理的概念，比如负数或虚数之类的东西？
- 为什么当既不能不证自明又不能简单论述时，要假设平行公设？
- 谁引进了这些概念，为什么要引进这些概念？

现代算术、几何、代数、微积分的发展都源于这样的探究，它促使我们重新回到基本问题。比如，将"零"引入数字系统的时间相当晚，而且被认为是非常有争议的事（要了解数学伟大发展史上论辩和革新过程中出现的生动、易读的故事，可以阅读伦纳德·姆沃迪瑙写的《欧几里得之窗》）。因此，对于什么可以成为公理、什么不能成为公理这一问题的处理，必须要不断地在到达某些高点之后，再重返基点进行思考（比如，证明三角形内角和是180度、勾股定理以及0作为除数时1=0的假命题）。正是因为不断对假设和命题进行反复思考，才发现了几何、微积分、概率论以及爱因斯坦相对论。

对年龄小一些的孩子来说，对"假设"的探讨可以让他们从仔细思考简单一点的类似例子开始，即让他们思考他们熟悉的游戏规则。比如，可以让他们思考以下一些问题：

- 为什么假定这些规则？
- 为什么在棒球比赛中两个球员不能同时占用同一个垒位？
- 为什么篮球比赛中有三分球？应该离球篮多远投篮算三分球？为什么不同的裁判委员会在不同时期会改变投篮的距离？
- 是否能够通过改变某些规则而不是改变比赛本身来改善比赛？

比如，对于最后一个问题来说，为什么不能改变目前的棒球规则，把击球手未击中的第三次击球作为一次犯规球处理（仍是轮到击球），而不是像现在规定的那样被判三振出局？这样的问题能促使学生深入思考，有些公理是在事实发生后为了使"游戏"按我们想要的设想变得更好而发展的——这是一个不是很起眼但非常值得注意的问题，这种观点对于几何学的发展非常重要，但通常在教科书的公理教学中却被忽视了。

下面是一个二年级数学课如何使用四步基本问题实施法来对"假设"进行探究的案例。

步骤1：提出一个问题，用于激发探究

举例：在数学中，对于做出的假设：哪些是基本假设，哪些仅仅是常规假设？为什么这样假设？谁做的假设，为什么你认为这样假设是明智的？怎么区分恒量与变量？观察一下生活中的其他例子，比如《人权法案》、字典中基本词汇的意思、预算设想等，进行思考。

步骤2：引出不同的回答并对这些回答进行提问

举例：从游戏规则、规章制度、语言规则开始，逐步过渡到数学。请学生思考有争论的命题。比如，我们无法定义直线或点，但我们却可以按某种方式画出它们；零不能作为除数，但可以作为乘数；我们是以十进制算法为基础的，但我们却经常使用二进制算法；在代数中，我们按运算顺序来解题，难道我们不能用另一种规则吗？数学中的交换性质符合常规吗？

步骤3：提出并探讨新的想法

举例：简单地用其他的几何图形（如"出租车"几何结构、城市网络的几何结构）来说明，为什么对不同情境中的空间关系做出不同的假设是很重要的。对那些伪证明中的假设或其他一些假设，看看它们为什么是或不是明智的。比如，如果像现代物理学和球面几何那样假设所有的线都是弯曲的，让学生想想会发生什么。

步骤4：到达暂时的终点

举例：让学生回头看看课本中所提到的算术、代数或几何原理，归纳概括一下我们是否应该在没有进行证明的情况下，得出关于假设的调查结果，提出新想法和遗留问题（或新问题）；看看哪些是基本假设，哪些是常规假设。

下面是某地小学社会课教学单元应用这四个步骤教学的案例。您可以注意一下，这个教学单元的设计是如何反映与上面数学教学案例类似的探究过程的。这些基本问题如下：当我们谈论地域时，为什么我们接受了给定的东西南北的划分？或许其他的地域划分方式也会有用？

步骤1：提出一个问题，用于激发探究

举例：在上过有关美国各区域名称和特点介绍的概览课之后，提出以下问题：我们能画出不一样的地图吗？什么样的地区划分方式对我们来说是有用的？我们被认为住在什么地方？我们住的地方有多少区域？

步骤2：引出不同的回答并对这些回答进行提问

举例：对区域进行划分有多大用处？从学校、城镇、州的角度，比较和对比不同区域划分地图的优缺点；比较和对比基于不同文化视角的（如地区性体育联盟）美国区域划分。

步骤3：提出并探讨新的想法

举例：探讨基于文化层面的区域概念（食物、休闲、工作），这样一来，我们谈论诸如南部、西北部的范围也许意义不大，因为它会让我们忽视每个区域的独特性与多样性，或留下刻板的印象。接下来还可以探讨以下相关问题：我们在多大程度上可以有效地用"区域"的概念来界定自己——比如，南方人、沿海人、田纳西州西部人、纽约北部人、加利福尼亚州北部人——而不是以州、国家或民族的概念来界定我们自己？什么时候应该用物理特征来界定区域？什么时候应该用社会特征来界定区域？

步骤4：到达暂时的终点

举例：让学生将自己对有关"区域"的发现、新的思考和仍然存在的问题（或新出现的问题）以及学习这些知识的用处进行归纳概括。

现在，让我们思考一下如何才能将教学内容和探究过程整合在一起以及进行探究需要什么样的资源（课本之外的资源），然后观察这个被丰富了的框架。当然，在探究过程中或探究完成之后，我们希望教师能对学生的理解和认知做出正式的评价——这些评价几乎是课本里每个章节后的测试题从来不会要求的。

使用基本问题的八个步骤

一个精细的基本问题的使用过程分为以下八个步骤：

1. 提前制订教学计划和设计。
2. 初次提出问题。
3. 引出学生对问题的不同回答。
4. 对学生的回答（以及问题本身）进行分析。
5. 引入与问题相关的新信息和新观点。
6. 对结果或学生的表现进行深入、持续的探究。
7. 暂时告一段落。
8. 对学生个体的探究和回答进行评价。

步骤1：提前制订教学计划和设计

目标：设定基本问题，收集与问题相关的用于拓展和深入探究的不同材料、问题或经验。

步骤2：初次提出问题

目标：在初次进行与问题相关的调查研究之初或之后提出基本问题

步骤3：引出学生对问题的不同回答

目标：确保学生理解或许会有多种看似合理的答案，理解他们选择不同的学习材料很有可能会得出不同的观点。

步骤4：对学生的回答（以及问题本身）进行分析

目标：询问学生的回答；针对所有回答进行分析，指出其中相互矛盾或不一致的地方；请学生提出进一步探究的方向或方法；确保根据不同的回答对问题本身进行分析。

步骤5：引入与问题相关的新信息和新观点

目标：在探究中引入新的材料、数据或现象，这种设计旨在进一步引入探究或对到目前为止暂时的结论进行质疑。

步骤6：对结果或学生的表现进行深入、持续的探究

目标：希望学生个体、小组或整个班级通过调查和讨论、分析和共享，探讨基本问题和最有可能的答案。

步骤7：暂时告一段落

目标：让学生对教材内容和教学过程中的发现、新观点和仍然需要探究的问题（或新问题）进行总结。

步骤8：对学生个体的探究和回答进行评价

目标：让学生通过寻找到的支持自己观点或与观点相左的伪证据，阐述自己对问题的认识。

让我们回到第2章有关格兰特学校英语教师的例子来看一下这些步骤。这个单元的基本问题是"谁能看到，谁看不到"，针对基本问题的预选阅读材料是汉斯·克里斯蒂安·安徒生的《皇帝的新衣》《小熊维尼和小猪皮克利》（《小熊维尼》的一个章节）《俄狄浦斯王》以及柏拉图《理想国》中的"洞穴之喻"（当然，除此之外，适合学生阅读水平

和相关问题的所有阅读材料都可以拿来使用）。

单元教学第一天，教师给出基本问题。教师极力鼓励学生随着探究的深入，围绕基本问题和逐渐出现的相关问题来做笔记。学生知道阅读是与问题有关的，而且知道在最后必须写一篇有关基本问题的文章作为学习评价的内容。简而言之，单元设计的结构是围绕基本问题进行的，它清晰地呈现了问题挑战，整个单元的教学也是聚焦于相应的问题进行的。以下说明了一个单元是如何围绕这八个步骤来组织教学的。

步骤1：提前制订教学计划和设计

举例：选择四篇与基本问题有关的并对基本问题有各自见解的难易程度不同的文章。

步骤2：初次提出问题

举例：以对个人生活中的"盲区"的简短讨论开始——这是一个关于为什么有些人"看不到"那些对大家来说显而易见都能"看到"的东西的讨论。然后，教师引入基本问题和第一次的阅读材料《小熊维尼和小猪皮克利》。

步骤3：引出学生对问题的不同回答

举例：在故事里面，谁能看到，谁看不到？这里是不是还有一些人比其他人更盲目（比如，小猪与小熊维尼相比谁更盲目，小熊维尼与克里斯多夫·罗宾相比谁更盲目）？为什么？

步骤4：对学生的回答（以及问题本身）进行分析

举例：这些想法与你个人先前的活动经验有关系吗？看不到到底意味着什么？看得到到底意味着什么？在无知方面，这个故事要告诉我们的道德寓意是什么？我们是否能对看不到和无知做个初步概括，并归纳一下在后续阅读中要进一步探讨的问题。

步骤5：引入与问题相关的新信息和新观点

举例：阅读《皇帝的新衣》《俄狄浦斯王》、柏拉图的"洞穴之喻"。观看电影《黑客帝国》《阴阳魔界》《奇迹创造者》片段，在《奇迹创造者》里，海伦·凯勒将水与水的符号联系在了一起。其他可能还包括与视力/失明、知觉偏差、认知偏差以及认知错误等研究相关的非虚构类作品。

步骤6：对结果或学生的表现进行深入、持续的探究

举例：用相同或相似的问题来深入探究每篇文章或现实中的案例，得出包含相悖观点的回答。（注意，在《皇帝的新衣》里，小孩子能够看到，但行家却看不到；在《俄狄浦斯王》里，盲人能看到；在洞穴里，专家和学术成功者看不到等）

步骤7：暂时告一段落

举例：制作一个综合性的图表来比较和对比课本中或者学生对问题的不同回答。

步骤8：对学生个体的探究和回答进行评价

举例：写篇有关"谁能看到，谁看不到"的文章，将你自己的想法和经验与所阅读的资料整合在一起，进行一个有力的、有趣的论证。另外，可以做一个与基本问题相关的博物馆展。

注意，在这种情况下，基本问题可以轻而易举地超越语言的界限而涉及历史（为什么有集体歇斯底里、自我毁灭性极端主义、盲目爱国主义）、科学（为什么达尔文进化论或全球变暖被理智的人们看作危险的主张和信号）、艺术（为什么艺术存在威胁性？为什么一些人将现代艺术看作欺骗）、体育运动（投球手是如何蒙骗击球手的？球员是如何蒙骗裁判的？在比赛中，优秀球员能看到什么其他球员看不到的？为什么）。

换句话说，是理解性教学设计而不仅仅是教师的提问使得基本问题变得生动起来并逐步深入。根据上面所提到的标准：因为存在不能一眼看穿的问题（尤其是对经常在成人和同伴面前痛苦地意识到自己愚笨、无知的青少年来说）、内在暗含歧义的问题、有多种解答的问题以及不明朗的问题等，因此需要仔细阅读课本并对其内容进行质疑，这使得课文、提示性语言、学习规则和最后的评价为成功的学习设计提供了所需的核心要素。

你是否在想这种方法对年纪较小的学生来说是不是太复杂了？如果是这样，那么让我们来看下面的例子。在小学课堂上，对基本问题"谁是真正的朋友"，教师使用了同样的提问步骤。

步骤1：提前制订教学计划和设计

举例：选择三个与基本问题有关并对基本问题有各自见解的难易程度不同的文章（比如《青蛙和蟾蜍——好朋友》或《夏洛特的网》）。

步骤2：初次提出问题

举例：以简短地讨论生命中的友谊开始——举例并说明理由：谁是你的朋友？什么使他们成为你的朋友？

步骤3：引出学生对问题的不同回答

举例：提问："什么能使一些人成为我们的朋友或因为什么没有成为我们的朋友？"准备一个T型表来总结答案。

步骤4：对学生的回答（以及问题本身）进行分析

举例：朋友是不是仅是那些每天你能看到并围着你转的人？"永远的最好的朋友"的真正含义是什么？

步骤5：引入与问题相关的新信息和新观点

举例：阅读《青蛙和蟾蜍——好朋友》中的《春天》一章，讨论友谊和谎言。比如，真正的朋友是否会向自己的朋友撒谎？青蛙和蟾蜍是否彼此做过其他的看似"不友好"的事情?仍然称他们为朋友是否还讲得通?一般朋友与真正的朋友之间有区别吗?

步骤6:对结果或学生的表现进行深入、持续的探究

举例:使用同样或类似的问题来对《夏洛特的网》进行探讨。

步骤7:暂时告一段落

举例:那么,谁是真正的朋友呢?为什么?建立一个图表来比较和对比课本以及学生对这个问题的不同回答。

步骤8:对学生个体的探究和回答进行评价

举例:选择以下叙述中的一个:

(1)制作一个小册子,帮助其他人识别和判断谁是真正的朋友。

(2)在交友网站上模拟"选择"真正的朋友。

(3)制作一个征集真正朋友的广告板,列出你希望的朋友的特点。

这样的知识框架,能够帮助我们随着探究的深入,逐步深入思考单元设计中需要的元素和知识呈现顺序。这种全面的思考至关重要,因为典型的教学计划源于课本和课程内容,很少会涉及那些真正需要探究的核心观点的变化和讨论内容的深入。(注意:不要只关注进展到以上哪个步骤或以上提示的每个细节部分;以上框架只是用来帮助你更好地全面思考教学设计的)

应对策略

这种解决基本问题的方法框架尽管必要,但还不够。最大化发挥基本问题作用的关键在于使用后续跟进的问题以及相应的学习活动。这里

有一套经过实践证明的技巧,可以让学习者更多地参与进来,拓展他们的思维,并让他们的探究更有意义。尽管大多数类型的课堂提问都可以使用这些方法,但在探讨开放性问题和没有唯一正确答案的问题的过程中,这些方法就显得尤其有效。

等待时间

"等待时间"是指教师在提问之后要暂时停顿的一段时间(等待时间 I)以及接下来学生做出初始回答后的时间(等待时间 II)。大量对"等待时间"的研究发现,使用这种简单的技巧有几个好处(Rowe,1974;Tobin & Capie,1980;Tobin,1984):

- 学生应答的时间增加了。
- 主动的回答(与讨论相关的)发生并更加频繁。
- 学生回答的条理性和一致性加强了。
- 学生越来越多地主动使用证据来证明推论。
- 学生经过思考的推理性的回答增加了。
- 越来越多速度较慢的学习者开始参与其中。

上述结果在小学、中学、高中和大学层面都得到了验证。在教师方面,经常使用"等待时间"技巧,能带来以下改变:

- 对高水平、评价性问题的使用增加了。
- "教师讲"的比率降低了。
- 教师表现出应对回答的更大的灵活性。
- 教师对"学习迟缓者"表现的期望值增加了。

对于"等待时间 II"(学生回答后的等待时间),当教师不急于在学生做出回答后立刻给予反馈时，学生更有可能仔细研究和论证给出的答案（或改变答案），并且其他学生也会参与其中。

思考—合作—分享

弗兰克·莱曼（Frank Lyman，1981）与其同事设计了一种切实有效的在课堂上使用"等待时间"的方法，这种方法被称为"思考—合作—分享"方法，它将思考的时间纳入一个多维模式的循环周期中。在这个时间周期里，学生首先听到一个问题或陈述，然后是个体安静的思考时间；在此期间，学生不能相互交谈或举手回答问题，但教师鼓励学生将自己的思考和想法写下来；到了教师指定回答的时间，学生会分为两人一组相互交换想法；接下来是分享时间，通常以课堂讨论的形式出现。"思考—合作—分享"方法使得"等待时间"的良好效果与合作学习的认知和情感效果同时出现在了日常课堂教学中。这种方法使每个学生都能够积极参与到问题中来，同时让害羞和缺乏自信的学生在全班和老师面前说出自己的回答之前，能够有机会在安全的空间里演练自己的回答。

随机点名

我们强烈建议教师不要养成只对举手回答问题的学生进行提问的习惯（实际上，就像人们正常的谈话一样，时间长了，你就根本不想让学生去举手回答问题了）。我们可以采取另外一些方法，比如，随机点名提问的方法，这样每个学生都有平等的机会来回答问题（如通过从玻璃缸里抓阄）；再比如，有目标地点名的方法，使用这种方法时，你应该明确地让学生知道，你希望每个人都做好回答问题的准备，那些经常回答问题的学生有时也会在一段时间里不被提问。尽管随机点名或有目标地点名的方式看起来很简单、很直接，但这些方法却是对长期存在的教师和学生的课堂习惯和课堂角色的反叛（关于这种技巧的更明确和实用的解释请见：Lemov，2010）。学者狄伦·威廉（Dylan Wiliam，2007/2008）是随机点名的倡导者，他讲述了一个故事，是关于改变常规教学法所面对的挑战的，尤其对于那些老教师而言。

几个月前，一位小学教师告诉了我关于她为改变自己的提问技巧而做出的努力。她想使用写着学生名字的冰棍棒作为随机点名让学生回答问题的工具——这种方法能提高学生的参与度，得到更多不同的回答。但在点名具体的学生时，她遇到了困难，因为她大部分的问题都会机械地以"谁知道……"开始。遭受挫折后，她想知道为什么做这点简单的改变会这么难。这位教师已经有25年教龄了，在她的教学生涯中，据她统计，她已经问过大概50万个问题。当你把某件事情做了50万次时，换种方法做将是非常难的！

采用随机点名的方式对学生和教师来说都是个挑战。当已经烂熟于心的教学标准被改变时，最初你可能会感觉到来自学生的反抗。但面对反对，如果你能坚持下来的话，就能在课堂上建立"新的秩序"。也就是说，每个人都是公平游戏的参与者，每个人都应该专心致志地参与到学习中来。

这种方法的另一种使用方式叫作"学生点名"，即教师让一个学生点名叫另一个学生做出回答，例如："玛丽昂，请你指定其他人做答。"依我们的经验，学生经常会点名叫他们的朋友，有时或许是他们的敌人！不管是谁，这种方法会激起学生的兴趣和好奇心。更为重要的是，它通过激发合作探究，为学习者的自主学习奠定了基础。

另一种提升学生积极听讲的方法是定期让学生对刚学习的内容进行

总结，比如："贾斯汀，请你总结一下玛丽亚的要点。"然后回头进行检验："玛丽亚，贾斯汀是否准确地抓住了你的想法？"经常使用这种技巧也能培养学生自主学习的能力。也就是说，学生开始自主地对自己的学习进行分析和总结了（这些观点将在下面有关苏格拉底式问题研讨法部分进行更充分的探讨）。

班级调查

如果对所有学生的回答使用以下几种方法引导，那么教师可以将全部学生带入回答问题的情境中。或许最简单的方法是让学生使用手势，如拇指朝上、拇指朝下。另外，对"你们是否同意作者的论点……"这个问题的回答，将引出进一步的探讨（"为什么你这么想"）、辩论（"罗伯托，告诉我们为什么你不同意亚历克西斯的观点"）、通过小组讨论反驳对方观点（"找一个与你持相反观点的人，向他解释你的观点"）。

有些教师让学生使用小黑板来记录对问题的简要回答和提示。尽管这种方法更常用来检验学生对知识的掌握程度，但有时小黑板记录法也可以用于对开放性问题的讨论。比如，一位大学历史教授问道："20世纪美国的哪一位总统将拥有最让人失望的遗产？为什么？"想象一下满堂的学生给出不同的回答，再想象一下接踵而来的大辩论！

就像生活中的散步一样，很多提问技巧是不需花费太多的精力和时间就唾手可得的。在这种情况下，使用学生应答系统（暂且称为"遥控器"）能很容易控制学生的轮流提问。这些小装置能帮助教师即时得到所有学生的回答，并且在计算机或写字板上即时将结果显示出来。现在手机也可以被用来做同样的事情。不管使用这种技巧的水平如何，经常使用这样的方法能使课堂变得活跃起来，让所有学生都主动参与到学习中来，而不再是整堂课都被一些积极的学生占据。

不止一个答案

正如我们所说的,有效的基本问题从本质上讲是开放的——被设计用来点燃讨论,通常是辩论。相应地,一旦学生达成了深思熟虑的推理或看似可靠的结论,教师应该小心,注意不要停下。像之前基本问题使用四步骤中的第二个步骤所建议的,教师应该鼓励学生至少得出2~3个不同的答案,然后对列表上不同的答案进行比较和讨论等。如果缺少不同的看似正确的答案或观点,那就表明你的基本问题范围太窄、太抽象或太模糊,学生无法提供不同的回答。

探讨观点和证据

人们早已认可了探究型问题的价值,这是苏格拉底式对话的核心,相关研究也证明了这一点(Krupa,Selman & Jaquette,1985)。但这些研究也指出,教师在课堂教学过程中很少使用探究型问题(Newmann,1988)。教师可以使用诸如"为什么""你能详细阐述吗""你有什么证据来证明你的回答"等探究型问题,来让学生思考并权衡各种证据,检验自己的观点是否正确,思考对立的观点,鼓励学生对自己的思考进行剖析以了解自己是如何得出结论的。探究型问题要求学生在记忆事实性知识和机械性答案之外,能拓展自己的知识,去将已知应用于未知,通过详细阐述已知以深化对新知识的理解。

在使用基本问题和其他开放式问题来促进学生思考和探究意义时,跟进提问是最基本的。以下是类似的案例:

- 你这是什么意思?
- 为什么?
- 你能详细阐述一下吗?多告诉我一些。

- 你能重新解释一下吗？我不太理解你的意思。
- 你能给我举个例子或用个类比来解释一下吗？
- 这与（我们之前说的，我们上周阅读的）有什么关系吗？
- 我们能找出其他有关的观点吗？
- 当你这样说时，你的假设前提是什么？
- 你的意思是说……吗？

其他跟进提问的方法涉及寻求答案的证据和理由。比如：

- 你为什么那样想？
- 你的证据是什么？
- 你是怎么推理的？
- 你能在文中/数据中找到相关支持你观点的证据吗？
- 这些数据是如何支持你的结论的？
- 但是在这之前，这似乎与你刚才说的不一样？你能解释一下吗？
- 这与课本第××页上说的一致吗？

经常让学生寻找证据说明自己的观点会使他们的答案和观点更明确，就像写博士论文一样，学生必须能为自己的观点辩护，而不只是提出观点。

故意唱反调

另一个被广泛认可的促使学生思考的方法是让教师（最终是学生）"故意唱反调"，通过有目的地质疑学生的解释或结论，或提出其他不同的观点，来促使学生做出解释和说明。以下举例说明：

- 我不同意你的观点，请说服我。

- 对那些持有……观点的人，你做何反应？
- 你考虑过其他看法没有？
- 谁有完全不同的理由或想法？
- 真的是二选一吗？或许有其他不同的"正确"答案或思考的途径？

向学生解释你为什么这么做，想起到什么作用，这点很重要，这样学生就不会从个人角度出发看待你的立场。（我们知道，教师穿上万圣节服装，戴上魔鬼角是为了幽默地传达一个严肃的信息——他将对学生的思维发起挑战！）一段时间之后，我们希望学生（尊敬地）也能相互使用"故意唱反调"的方法，尤其是在辩论和使用苏格拉底式问题研讨法过程中。在拓展学习环节，我们可以让学生对与自己观点相反的观点进行辩论，这是我们在辩论培训班时常用的方法。

对错误或不恰当回答的处理

可以预见，一些学生对教师的课堂提问包括基本问题的提问进行回答时，会给出一些错误、轻率、愚蠢、离题的回答。有时学生只是想用不适当的语言来测试一下教师或娱乐一下全班学生。教师在教学伊始对这些问题处理的态度会影响以后课堂教学的氛围。激发学生参与探究的艺术在于理解如何倾听、尊重学生的回答，并明确学生提出的观点是必要的但可能还不够成熟——记住，你要做的是更好的理解，包括理解学生对某一科目学习现状的认识以及学生提出的问题。

当然，我们也不允许故意伤害和不雅言辞的出现。要做到这一点，一个简单的凝视就够了；或者你也可以说，"凯利，我知道你其实也知道这样说话有点过了"。不过，当学生真诚地在尝试时，他们对"错误"

一词会很敏感，也会因冲动得出答案。对于这种情况，我们的建议很简单：尽可能对学生的回答以非评价的、去个人化的方式做出反馈；要避免贬低的行为——任何一种让学生看上去愚蠢或感到愚蠢的言辞或声调，尤其当学生在记错真实性信息或在推理过程中犯错误时。在一些情况下，你可以通过使用之前所介绍的探究方法，帮助学生厘清思维；在另一些情况下，你可以迅速纠正学生陈述的事实，同时强调问题的重要性。另外，或许最好的方法是重新调整问题，并使其他学生参与其中。

一般来说，最好的方法是承认学生合理的回答虽然有缺陷，但也应受到鼓励，而且要让学生知道，犯错误是学习过程中必然的一部分。确实，"逐渐理解"这句普通的话其实反映了一个历时的过程。我们很少能够瞬间获得深刻的洞察力，这也是为什么随着时间的推移要反复回头去看基本问题的原因，这点很重要。

所有这些使用基本问题的技巧和方法都可以简化为一条简单的规则：教师的作用是激发学生对问题和回答的思考，作为引导者、辅助者和耐心的倾听者为学生服务。

引发学生提问

你肯定想知道教师设计的基本问题与学生提出的问题之间是什么关系。如果教学目标是引发学生的探究，那为什么不让教学从学生的提问开始呢？更通俗的说法是：当我们通过基本问题来制订教学计划和开展教学时，学生提问的作用是什么？

最近一本书的书名很好地解释了这个问题——"只做一个改变：教会学生自己提问"（Rothstein & Santana，2011）。作者在这本书中举了一个极好的例子来说明培养学生学会提问的重要性，另外，作者还提供了一个相关的操作性框架。他们的观点正是对一个世纪以前约翰·杜威观点的回应。也就是说，民主取决于公民的积极参与，而参与的最有力的形式是提问，而不仅仅是对别人的问题做出回答。

一个关于学生提问的案例来自对阅读的研究。研究者安妮玛丽·帕林克萨和安·布朗发现，当阅读者形成自己的问题时，他们会更加主动地投入对文本内容的加工和意义寻找中。另外，能够自己提出问题的学生也能够对自己的理解进行自我检查，而不仅仅是依赖教师的问题和反馈（Palincsar & Brown，1984；Raphael，1986）。

尽管我们完全支持自主学习和积极的学生提问，但我们还是要提醒一下，如果教师只是引发学生的问题而没有形成课程目标和基本问题来辅助教学，那么教学也无法进行下去。实际上，在科学、文学、数学、艺术等科目中，要让学生提出能够促进他们理解的问题几乎是不可能的。因为这些科目的核心思想都是抽象的、非直觉的，甚至学生提出的有些问题还会导致他们走进死胡同或者尽管有趣却偏题的漫游。（我们中那些在20世纪六七十年代进入学校学习的人或许能回忆起那个年代"随波逐流"的散漫，虽然很有吸引力，却缺少目标和成效）

作为专业教育者，教师要知道哪些问题符合这两种不同的要求：既能引发学生的兴趣，又能帮助学生最大限度地成功和深入理解教学内容。是的，一个优秀的教师能够把学生的提问与学习目标联系起来，但将问题交给学生暗含着这样的思想：教师必须知道教学内容中的关键问题和思想，并在努力培养学生兴趣和才能的同时，熟练并坚定地完成最终的教学目标。这也正如杜威所说："我们不能将'学生所感兴趣的'与维护学生利益的学习混同。"

因此，"谁应该提出问题"这个问题是个错误的二分法。这不是一个教师提问或是学生提问的问题，而是如何围绕教学目标将两者结合起来的问题。换句话说,基本问题的关键不只是引发学生的好奇心,而且还要帮助学生探究某一学科的重要核心思想。教师要努力通过提问和对问题的探究帮助学生理解所学内容并构造个人对内容理解的意义。

也就是说,有效使用基本问题一定也必须能够促进学生提出更多的问题。正如我们反复强调的,最好的基本问题需要被质疑,所有可能的回答都应该被看作暂时的、假定的,需要对其进行再批判和创造。我们对教师过于依赖学生提问作为开展教学基础的警告不应该被理解为是对学生发起的项目、问题或调查的拒绝。相反,最优秀的课程单元设计为学生提供了许多机会来以自己的方式探讨问题和观点。有意义的教育和自主学习能力的发展需要学生有这种机会。我们只是请大家注意这种必要的调和:教师和学生一起使用问题来发展理解力,这对所有人来说都是有趣的,也是有用的。

自主设计问题

使用基本问题的长远目标是培养学生最终成为不用教师指导的基本问题的提出者和探究者。那么,怎样才能自主设计出最好的基本问题呢?

在对文学课的研究中,我们发现,最经常被用来描述能够促进学生长期自主阅读和深入理解的用语是教师"责任的逐步转让"。皮尔逊和加拉格尔(Pearson & Gallagher,1983)创造了这个用语来描述教师是如何逐步让学生脱离成人的帮助,最终达到独立完成任务的。下面简要描述研究者安妮玛丽·帕林克萨和安·布朗(1984)对此问题的总结。

孩子最开始是在专业人员在场的情况下经历一种特殊的认知活动的,慢慢地,他们才能逐渐由自己独立来完成这些活动。首先,专业人员（父母、教师、其他专业技术人员等）引导孩子活动，而大部分的认知工作是孩子自己在做。孩子第一次是作为旁观者参加活动的，然后作为初学者，会负责实际工作中的极小一部分。其次，随着孩子的经验越来越丰富，当他们有能力完成反复从成人那里模仿来的更为复杂的任务时，成人就会逐渐让孩子承担更多的责任。成人和孩子逐步共同做认知工作，通常是孩子先开始，在孩子遇到困难时，成人帮助他们进行纠错和引导。最后，成人会让孩子完全发挥主要思考作用，而成人的角色则转变为支持和辅助的旁观者。最初，这些起支持性作用的成人是作为模范、点评者和质疑者出现的，他们引导孩子使用更为有效的方法并将之更为广泛地使用。到了一定阶段，孩子逐步学会了这种质疑和批判的方法，也能通过自律和自我反思，独自完成这些最初由成人来做的事情了。成熟的学习者有能力对自己的学习进行反思性批判。

尽管教师责任的逐步转让这种教学模式最初是为阅读课教学设计的，但它为任何年龄的学生、不管在校内还是校外背景下独立掌握任何科目提供了一个普适的模式。下面是两个简单的方法，可以帮助学生的学习从依赖走向自主。

- 我做，你看。
- 我做，你帮。
- 你做，我帮。
- 你做，我看。

- 我模仿，你做。
- 你做，我反馈和引导。
- 你练习和提炼，你自我评价。

- 你做，我看。

以下是一个测量学生自主性的评价量规样本。

独立程度	表现
独立	学生能够完全自主地有效完成任务。
需要轻度辅助	学生在完成任务时需要很小的辅助（如教师给出1～2个提示或线索）。
需要辅助	学生需要逐步跟进式教学辅导和辅助工具（如组织图和清单）才能完成任务。
简化任务并给予重要帮助	学生需要教师将任务简化，需要持续的反馈和建议、评价、指导，需要不断的鼓励以完成任务。
不独立	学生无法完成任务，甚至在给他们提供了重大帮助后也无法完成任务。

这种方法也可以很自然地应用在基本问题的使用中。不管我们关注的是教师（逐步转让责任）还是学生（逐步增加责任），目标都是一样的。随着时间的推移，学生通过提问或回答问题，在探究和讨论中会变得更加独立自主。你的目标是做一名教师吗？那就随着时间的推移慢慢放弃作为教师的责任吧！

苏格拉底式问题研讨法

苏格拉底式问题研讨法是一种正式的让自我导向的学习者参与到对基本问题的探究中去的方法。这种研讨法根植于圣·约翰学院的优秀丛书项目，并在哥伦比亚大学和芝加哥大学使用过。30年前，美国教育家莫蒂默·阿德勒在《儿童教育计划建议》（Mortimer Adler，1982）一书中将这种方法进行了推广。阿德勒在书中讨论了具有三种完全不同的教育目的的教育计划——获取系统知识、开发智力技能、理解思想和价值观——这三种教育目的由三种相互联系的教育方式完成。在阿德勒看来，第三个目的即是提高理解力。

既非说教，也非指导；既无法通过讲述习得，也无法通过课本习得。它应该是苏格拉底式的教学，因为它帮助学生产生思想。它是通过提问、引导讨论、帮助学生激发思维，将之提升到理解或欣赏、领会的状态，继而进行教学的。

苏格拉底式问题研讨法为使用基本问题来探讨和揭示课文中的重要思想提供了有意义的框架结构。爱菲·伊斯雷尔（Elfie Israel，2002）简单地界定了苏格拉底式问题讨论法及其对参与者的好处。

苏格拉底式问题研讨法是一种基于文本主题、由教学者提出开放式问题的正式的讨论。在讨论中，学生仔细倾听其他人的评论，进行批判性思考，明确表达自己的观点以及对别人观点的看法。学生在问答当中学会了合作及机智并谦虚地进行提问。

正如这些研究所说的，苏格拉底式问题研讨法的目的是促进学生进行持续的探究和追寻意义。其目的不仅是要获得专业研究人员那样的理解，而且是要学生进行专业探究那样的活动——也就是说，要提高提问和回答重要问题，做出系统辩护和解释，利用证据和逻辑的能力。一旦进入这些活动，研讨法的目的就是探究观点，并确保我们理解所说的，并对照之前其他人所说的论据进行比较衡量。因此，在问题讨论过程中，使用基本问题的目的不仅仅是为了让参与讨论的学生获得更多的知识，它更根本的目的是要学生进行积极的意义探索——尝试架构自己的观点并努力去理解别人的观点。这也是建构主义的本质：意义不是由教师而是由学习者建构的。

正如以上例子所反映的，问题研讨法更像是学生运动员和艺术家所做的事，而不是在典型的教师主导的课堂上所发生的事。就像是在运动场或舞台上，其目的是为了让学生成长为独立、积极、灵活的知识和技能的使用者；就像是足球或篮球比赛，不管是在运动场上还是在教室里，如果学生只是被动等待教练或教师对每一个动作的指导，结果只能适得其反。当然，学生也必须学会像教师那样一步步前行——不断提问并指出已有不一致的地方——而教师必须学会安静、认真地倾听。

在研讨的过程中，从另一种意义上来说，教师是学生进行探究的指导者。作为指导者，在简短讲解后，他会退到局外观察和倾听学生是怎样在研讨游戏中进行合作和探究的。在游戏前和游戏后，教师就像是教练，在合作探究和讨论中为学生提供技能和方法，并根据他们的表现为全班学生和学生个体提供具体的反馈和修补意见。

总而言之，苏格拉底式问题研讨法不只是对话形式的教学，这种方法（更为通常的是对基本问题的使用）还为学生提供了更好地进行自我探究的机会，在这个过程中，学生需要教师提供的线索、提示和支持越来越少。

不管是使用正式的类似苏格拉底式问题研讨法的方法，还是仅告诉学生合作探究是单元教学或活动的目标，教学的意义都应该是明确的：学生应该知道——通过教师组织的教学活动或教学过程——深度探究是教学的要求，而不是可有可无的选择。

常见问题

使用苏格拉底式问题研讨法,我喜欢这种想法。但我没有任何这方面的经验,你能帮我推荐一些入门的方法吗?

使用这种方法需要具备五个基本条件:

(1)共有的材料(也就是最宽泛意义上的"主题""文本");

(2)可以用于共享探究的专有的时间和空间;

(3)参与的规则;

(4)清晰的目标,能明确说明研讨的要点和判断的标准(明确这种方法和典型的以教师为主导的教学的不同之处);

(5)用于引起开场研讨和不断回头重复探究的重要问题。

着手开始的最重要的一步是要找出研讨的根本。你需要一个丰富的、能引起深思的、多少有些迷惑人的文本、案例或资料,也需要一个不是用"是"或"否"就能回答的问题。换句话说,必须有一个值得探索的真实的问题或事件。只有有了一个能引发探究和得出多种似是而非的不同答案的问题时,才可以开始进行探究。这也是为什么历来的研讨、探究都是围绕"巨著"或其他一些丰富的文本(著作、论文、电影、难解的问题)展开的原因。

对年龄较大的学习者来说,常用的配套文本包括《独立宣言》、马丁·路德·金的《来自伯明翰监狱的一封信》、柏拉图的《申辩篇》;对年龄较小的学习者来说,任何类似《青蛙和蟾蜍——好朋友》的故事都可以被拿来探讨"谁是真正的朋友"之类的问题。还有一些经过开发的课程——如《少年优秀作品》《儿童教育计划》《试金石》等——也能为研讨和探究提供优秀的阅读文本。

数学和科学教师既可以围绕讨论主题来选择有趣的读物（如E.A.阿伯特的《平面王国》或美国物理家、1965年诺贝尔物理学奖获得者理查德·费曼有关科学本质的论文），也可以提出要讨论的问题或实验，这些问题和实验的设计是用来引发更多的问题的，而不仅仅是得出答案。伪命题永远都是有趣和有启发作用的（如证明1=0），用反直觉的发现（如光对光的干扰等于黑暗）来进行实验也是如此。

一旦你选定了合适的文本或主题，你就可以明确目标和称之为"共享探究"游戏的新规则，并指出作为"指导者"，你大部分时间会站在一边（尽管你保留提问和指出有趣问题的权力），让学生自己去进行探讨。刚开始时规模不要大，或许可以一周一次，一次20分钟。随着时间的推移再慢慢增加经验：发生了哪些变化？哪些有效？哪些无效？如何进一步改进？

一旦学生投入这个过程中，你就可以准备提一些有趣的问题，帮助学生发现文本和探讨主题的意义。这些问题最初或许是局部性和专题性的，比如，对于著作《麦田里的守望者》，问题或许是"霍顿怎么了"；或者你也可以选择一个较宽泛的基本问题，比如"我们对自己有多少了解"。

第 5 章

如何应对现实挑战和特殊情况

音乐家约翰·列侬对教育有着清晰的认知,他有一句著名的格言"生活就是当你忙着制订其他计划时所发生的一切",当教师将一个设计完美的教学方案在真实的课堂中呈现在真实的学生面前,5 分钟之后却被抛之脑后时,想必这些教师对此话都会有共鸣。使用基本问题其实增加了出错的可能性。因为教师不仅要尝试新的、高要求的一些方法,而且随着学生对课堂探究和讨论自主性的提高,教师的教学要面对更多不可预知的结果。教学中会有一些事情无法预知和计划,聪明的课程设计者因此会对这些可能发生的情况做出调整。预测一下使用基本问题时可能会出现的困难,并对可能发生的意外做出随机应对的调整,这样才是明智的。

在本章,我们会探讨一些在基本问题使用过程中教师最有可能遇到的常见的、主要的挑战,并提供相应的解决办法。我们也会探讨一些在具体教学科目中对学生使用基本问题的案例。

在使用基本问题的过程中,最有可能出现的困难大概分为两类。

1. 探究讨论中出现的无效回答以及不恰当的回答或反应(教师和学生都有可能出现)。
2. 面对探究过程的不可预知性所产生的焦虑以及由于害怕失控(对教师而言)或被认为愚蠢(对学生而言)而引起的恐慌感。新的角色、技能和规则是需要不断学习和实践的，这就像是学玩新游戏或新乐器一样，是有一个学习曲线的，错误和沮丧是不可避免的。但当我们真正开始学习新东西时，虽然我们可以预测到学习曲线，但却很难在现实中按照预测进行，这种不确定性导致了教师和学生的焦虑。

那么，我们如何才能在进行深度探究时超越不可避免的焦虑而进入基本问题呢？一旦每个人都适应了合作探究及其规则，就会进行充分的讨论和深度的分析。但最开始时需要克服的最大心理障碍，是教师不敢放权让学生去进行探究和讨论以及学生面对开放性问题所产生的焦虑。

2000年前，柏拉图在"洞穴之喻"中对我们面对真实性探究所产生的焦虑曾有过著名的阐述，他最初称其为"关于我们无知和教育的寓言"。他让大家设想一下人类被束缚在洞穴中，只能通过火光看到物体投射在墙上的阴影。

刚开始，当他们中的任何一个人摆脱了束缚，突然站起来走动、扭动脖子朝向亮光处看时，他会感到刺痛；这种刺眼的光束会让他感到难受，使他无法看清之前他所看到的阴影的真实状态是什么。

现在，假定有人对他说，他之前所看到的是幻觉，但是当他越来越靠近真实的世界，并越来越有清晰的感知时，他会说什么？他会不会假定之前所看到的影子比现在所看到的物体更真实？

更真实得多。

如果他被迫直视亮光，那么，是否会刺痛眼睛，转而去寻找自己能看得到的幻想物体，并推测出结论，认为这些幻觉的东西实际上比眼前亮光处的东西更为清晰呢？

"是的。"他说。

再假定，如果他被快速拖上峭壁和崎岖的上坡路，然后突然被暴露在太阳光下，他会不会感到刺痛和恼怒？当他接近亮光时，他的双眼会眩晕，根本无法看到任何被称之为现实的东西。

这个寓言暗示我们，真正的教育可以将我们从无知中解脱出来。不过柏拉图也提醒我们，真实的学习也存在自相矛盾的地方。我们知道，对我们自己认为了解的事情进行质疑，从心理上来说是一件困难的事，学习者也会对此表示抗拒。我们更喜欢自己已知的和自己可以预期到的东西所带来的舒适感。因此，对新的和不确定事物的抗拒会导致大量无意识行为的出现，从而削弱合作性探究——即使每个人，包括教师和学生，都觉得自己有控制力。

这里还有一个与柏拉图"洞穴之喻"类似的例子，是一个来自当代的生动的例子。沃尔特·贝特曼（Walter Bateman，1990）说明了任何教师在最初作为提问者并致力于问题探究新角色时是什么样的感受。

实际上，你真的很勇敢，能够在一堂课上尝试探究教学。你为此做了精心的准备。你为启动这堂课准备好了要问的问题。你提出了问题并等待回答。3秒过后，你开始恐慌，你满手是汗，整个班级的学生都在默默地盯着你。

镇定下来，学生需要时间去思考。他们需要时间去消化你想要他们思考的概念；他们需要时间去理解你提出的问题，并想明白他们是否敢去冒险。

等待。

微笑，不要去看手表，要充满期待地看着一两个学生，这一两个学生通常是你认为准备好要回答问题的学生。用你的微笑去鼓励他们。

继续等待，不要说话。充满期待地面带微笑。

等待。

在两三个小时内，会有人给出尝试性的回答。如果你能偷偷看下时间，你会发现，这两三个小时其实只有40秒钟。

狂喜吧，发言的学生给出了不同于课本上"正确"答案的回答。满怀激动的心情，你想喊："你真棒，回答正确！我就知道你行！"

你不去这么做。你不去告诉学生他的答案是正确的，你想把思考、判断和做出决定的乐趣给学生。所以，你转过身，将欣喜的眼光转移到其他学生身上，并提问道："你同意这种说法吗？"

让人吃惊的是，许多学生从未被教师这样提问过……

学生能够坚持下来，你也能够坚持下来。稍微多些耐心和实践，你和你的学生将能学会讨论问题，质疑假设，界定词汇，探究方法，并获取进行思考所需要的技能。既然你已经知道了如何去做，那么你要做的就是学会保持安静。

随着实践和经验的增加，就像柏拉图的"洞穴之喻"所说的，你会越来越多地看到学生是如何逐步脱离教师的指导而取得真正积极的成果的。最终，我们也能够更清楚地看到和理解这种新方法优于老方法的地方。作为安静的倾听者和发问者，我们起到的作用是非常大的，其作用甚至超过了仅仅作为教师或指导者的作用。（其实这也是苏格拉底与他人进行讨论式对谈的原因所在）

不过，我们要克服焦虑和害怕，是需要时间的。举个例子，格兰特给我们讲了一个案例，是关于他如何帮助一名中学教师来使用苏格拉底式问题研讨法的。首先，格兰特在这位教师的班上使用了苏格拉底式问题研讨法一段时间，以便为这位教师提供一个范例。然后，由教师组织两场问题研讨，格兰特在旁观察和做出反馈。格兰特注意到，这位教师在技巧上的进步和表现出来的适应性是显而易见的。但是，这位教师对自己的表现做了一个苛刻的评价：她认为第二场讨论没有第一场成功。不过观察者给出的信息却是相反的：在第二堂课上，有更多的学生发言（所有的 26 名学生中只有 2 人没发言，而在第一堂课上只有三分之一的学生发言）；教师问的引导性的、低水平的问题更少；学生之间的互动与第一次相比在数量上增加了一倍。当问这位教师为什么对自己做出这种评价时，她的回答透露出对不能得出确定结果和不能控制课堂节奏的恐惧。她觉得第二堂课比第一堂课更加"疯狂"和"失控"，并且她更不确定说什么、什么时候说。受这种自我感觉的影响，她看不到观察者所看到的积极的结果。

不管怎样，对教师来说，在深度探究活动中，他们对失控的担心很可能是他们面对不确定时所经受的最大煎熬。我们暂时可以不管教师的身份，其实出现这些担心都是正常的。尤其是当有年龄较大的学生在场时，我们会担心出现混乱，就像担心"被收容者会冲出收容所"一样。而且，我们还会有另外的焦虑，害怕被教学主管认为是个不称职的"坏"老师，因为这些主管可能会以传统的以教师为中心的标准来评价我们的教学。（的确，我们听说过有的教师在实施苏格拉底式问题研讨法时，有教学主管会在课堂随访或路过时顺便停留，结果离开时他却说："哦，等你开始授课时我再回来。"）任何面对这些担心能够坚持下来的人，才能看到好的结果：如果我们能够放开学生并好好引导他们，那么学生就能够在学习中应付自如。因此，教师面对的挑战是调整自己的心态，让自己在思考和行动时能像教练一样逐渐变得越来越自如。也就是说，教师应该通过引导学生，逐渐放松对学生的控制，而不是去监视学生的一举一动。

然而，一旦我们找到可以像教练一样自如的教学的合适位置，我们就会再次面对"洞穴之喻"的教训:许多学生会激烈地反对开放式的探究和讨论。在苏格拉底式研讨进行的过程中,一个非常聪明但明显焦虑不安的学生大叫:"不要再讨论了,威金斯先生!告诉我们这篇文章是什么意思吧!"同样,在理解性教学设计工作坊活动中,一位教师很不开心地请求道:"就给我一个基本问题吧!我一个都想不出来!"我们在进行深入探究的过程中会遇到许多类似的抵抗,这只是其中的两个例子。可以预见,读者们以后也会遇到这样的情况。因此,使用基本问题的难点不只在于教师和学生没有熟练掌握技巧和方法。我们必须帮助他们降低焦虑,使他们在对没有简单答案的基本问题进行探究时,对探究过程本身的不确定性越来越适应。

一旦我们认识到正是这些担忧和害怕,而不仅仅是提问技巧和表现不足决定着一堂课的成功与否,我们就可以像教练一样更好地判断哪些改变可以减少对失败和不确定的担心。所以,请更积极主动些。你可以通过以下反思性问题来对自己的心理舒适度进行一个自我评价:

- 我要问什么样的问题?要问多少问题?
- 学生理解新的"游戏"和"规则"吗?学生的表现是否说明他们理解了有效合作探究的目标、作用和方法?
- 我是否能够用告诉学生"你可以的,我在这里"等方式,从容、耐心地将责任转嫁给他们?
- 我能否像教练一样传达信心呢?不管我内心是什么感受,我是否流露出了温暖和自信的态度?(注意,在贝特曼的故事里,老师在争取学生发言时是面带微笑的)
- 我留给学生思考和回答的时间是否足够?对于沉默(等待时间),我是否表现得很放松?
- 我是否不经意地破坏了探究和讨论(比如,只提问举手的学生,或者从来不对学生的回答提出质疑)？
- 如果学生的表现并不理想，我的哪些反应可以使更多的学生参与到讨论中来，并拓展讨论的思想和主题？我的哪些反应会扼杀讨论？
- 我对任务的布置和评价是否清楚表达了这些问题以及对问题的思考性探讨确实很重要？如果消极、被动，仅仅教授教学规定的内容，那么我的班级有可能得 A 吗？

没有谁生来就是完美的教师，面对这些问题，我们大部分人都没有完美的答案。确实，对于所有教育者而言，这些基本问题都是永恒的！不过，我们越是平心静气地、谨慎地对待教学目标和不可避免的困难之间的差距，并一步步地塑造相应的课堂，我们就越有可能成功。

带着这些思考，请看下面的表 5.1，它总结了在使用基本问题过程中教师和学生会遇到的挑战性问题，同时也给出了建议性措施。无疑，这些问题和简洁的解决方法只是一个开始，我们鼓励读者也去研究一下有关提问的文章和著作，这样才能更好地理解在使用基本问题的过程中可能会出现的困难和解决办法。

表 5.1　问题、表现和解决方法

问题：合作探究的目的不明确
教师相关的表现 教师的言行反映出学生似乎应该对问题的含义、讨论的性质、探究的价值都很清楚。 - 教师认为，只靠提问就能够让学生进行下去。 - 当学生没有做出反应或作答时，教师开始感觉受挫。 - 当学生没有做出支持性应答或没有表达多种观点时，教师开始失望。

续表

学生相关的表现

学生认为只有一个"最佳"答案，或认为开放式问题怎么回答都可以。

- 学生的回答是无意识的、自然的表达。
- 发言的学生认为没有必要对自己的发言进行说明或论证。
- 学生的回答通常是离题的、没有重点的或随意的。
- 学生对要求他们对自己的回答做出论证感到困惑。
- 学生寻求教师的帮助（"只需要告诉我们你想要什么。"）。

建议

- 重温对基本问题进行探究和讨论的目的、规则和方法。
- 提醒学生，希望他们的参与注重质量，而不是数量。
- 向学生明确，其中两三个不同的回答应该能够提供有根据的解释说明。
- 必要的话，对由其他人的想法引出的回答进行突出和表扬。
- 找出回答中由于进度太快，学生无法消化的问题或未经核实的假设。
- 总结有效回答的特点，为下一个讨论做好准备。

问题：担心、害怕

教师相关的表现

教师害怕失去作为"权威"的控制力和应有的尊重。

- 教师过度地参与指导讨论（看起来似乎更像是死记硬背式的教学模式）。
- 教师只提问最有能力的学生。
- 教师明显表现出对尝试性回答或偏离主题回答的不满。
- 教师明显表现出紧张不安。

学生相关的表现

学生害怕被提问，害怕被同学认为愚笨。

- 有些学生会左顾右盼，逃避被提问。
- 学生的表情和神经质的笑声，表明了他们的焦虑和害怕。
- 有的学生在课堂上沉默不语，但课前课后却大肆发表见解。
- 有的学生这样做开场白："我知道这听起来很愚蠢，但是……"

续表

建议
● 像教练一样思考；观察学生"玩游戏"，为后续跟进和反馈做些记录。 ● 留出思考的时间，请学生写下在被提问时可能做出的回答。 ● 刚开始时把学生分成2～3个小组进行交流，然后让他们给出一个共同的答案。 ● 提醒害羞或安静的学生你要问他们一个问题，让他们做好准备。 ● 教师（或学生）可以通过观看一次示范性讨论的录像，来更好地理解讨论课的性质以及操作过程，并更好地理解怎样参与其中。

问题：对沉默和模棱两可的回答感到不适应
教师相关的表现 很明显，教师对沉默和模棱两可的回答感到不安。 ● 没有给学生留出思考的时间。 ● 看起来对学生的沉默很痛心。 ● 一直努力回答学生的问题并对学生的回答做出判断。 ● 暗示学生可以找到基本问题的明确答案。 **学生相关的表现** 学生表现出对沉默和模棱两可的回答的不适应。 ● 他们等待教师发出下一个指示。 ● 当出现沉默时，他们坐立不安、心神不宁。 ● 学生会请求教师："就告诉我们吧，行吗？" ● 学生在做出回答后，希望得到教师的确认（例如："这样回答对吗？"）。 ● 学生让教师来回答问题。 **建议** ● 采用有声思维法，模拟在开放式问题讨论中，任何年龄段的人都可能经历的焦虑不安。 ● 在课堂讨论之前和讨论过程中，请学生将自己的感受写下来。对学生的反应进行讨论并归纳其模式。

续表

● 在对模棱两可的回答感到焦虑和不适阶段,提供给学生简短的材料让他们讨论。 ● 强调参与和探究的重要性,并提醒学生关注与之有关的方案、规则和评价标准。
问题:过度关注内容
教师相关的表现 教师关心的是对教学内容的覆盖程度。 ● 教师仅仅将基本问题看作某种修饰或某个主题教学的引子。 ● 当要转移话题时,将讨论终止(例如:"我们要继续……")。 **学生相关的表现** 学生过度关注对内容的学习和评价。 ● 学生担心教师进行测试和分级(例如:"这算分儿吗?")。 ● 学生不断寻求教师的帮助(例如:"请告诉我们需要学习什么?")。 **建议** ● 明确教学目标不仅要发现事实性知识,而且要对获得的信息和不同观点进行概括。 ● 明确事实性知识和观点、数据以及基于数据的推论之间的不同。
问题:基本问题及其答案范围太小、太集中
教师相关的表现 以教师的问题和解释为主。 ● 问题只有一个最佳答案。 ● 教师表现太明显而难以得到想要的答案。 ● 教师对"什么""什么时间""怎么样"等问题问得过多。 ● 类似"为什么"之类的问题常常指向事实性知识,而这些知识是可以在课本中找到答案的。 **学生相关的表现** 学生试图去说明、猜测或找到"正确"答案,而不是进行深入思考。 ● 学生发表意见并以建议的口吻暗示他们的答案是最终答案。 ● 一旦给出答案,大部分学生就会停止思考。

续表

建议
• 多问些诸如"为什么""如果……会怎么样"之类的问题。 • 即使有人真的给出了很好的回答，也要问一下："是否还可以用另外的方式来解决？是否有其他可能的答案？" • 请学生按照"我习惯于认为……现在我认为……"之类的提示做出回答。

问题：基本问题及其答案太发散、太宽泛

教师相关的表现

教师的问题模糊、有歧义或发散；问题太宽泛，很难得到满意的结果。

- "在这里是什么意思？"
- "这些数据是什么意思？"

学生相关的表现

学生似乎不明白问题，也不知道怎么回答。

- 学生目光游离，看起来很不安。
- 学生的表情说明他们很困惑。
- 学生问："您问的是什么呢？"
- 学生纠结于不知道怎么表达（尽管他们努力想要参与其中）。

建议

- 以简单的语言重新陈述或组织问题。
- 强调问题更为具体的方面，比如，如果"什么是好的作品"这一问题无法引起任何有效的回应时，那就改为提问"好的读物和伟大的著作有什么不同"。

问题：过于强势

教师相关的表现

教师的提问和探究过于强势，对学生造成了胁迫。

- "你到底为什么要那样说？"
- "你怎么可能想……"
- "你为什么会做出这种回答？"

续表

学生相关的表现

学生在努力争抢"成功"或"正确"。

- "这没有任何道理。"
- "你要能证明!"
- "让我告诉你正确答案和你错在哪里。"

建议

- 对于不太完美的回答,模拟给出恰当以及不恰当的回应。
- 以玩笑的形式提醒学生注意篮球犯规和曲棍球禁区。在讨论中列出犯规的表现并进行讨论。观察和收听电视和收音机里的谈话或与讨论有关的节目。
- 提醒学生注意言行举止,并指出讨论与辩论的不同之处。
- 对讨论按小组而不是按个人分等级评成绩。
- 如果说了什么明显不合适的话,请道歉。

问题:过于友好

教师相关的表现

教师不对学生的回答进行分析和评价。

- "凯特,你的想法很有趣。"
- "乔,谢谢你的分享。"
- "好。"(没有说明为什么好)

学生相关的表现

学生似乎不愿意与同学或老师意见相左。

- 面对明显错误、不确定、有争议或另类的回答,学生保持沉默。
- 如果学生的回答受到挑战,他们会变得不安、生气或尴尬。

建议

- 明确对学生的回答进行质疑或评价,不需要强势或让学生感到威胁。
- 使用跟进策略,例如:"我是否理解了你说的……""你说的这个有趣的想法在课本哪个地方可以找到?""我没理解你说的,你能解释一下你的想法(见解或论点)吗?"

续表

- 说明使用"故意唱反调"的方法。
- 装迟钝,比如:"我不理解你说的意思,乔,帮我解释一下吧。""小子,我肯定愚钝了。我怎么没在课本中看出这点?你能帮帮我吗?"

问题:观点之间的区别太小

教师相关的表现

反馈单一。

- 没有鼓励学生从不同角度来思考基本问题。

学生相关的表现

学生对基本问题的回答单一。

- 学生可能没有阅读课文或完成任务。
- 学生可能使用了文字游戏,在寻找和打听"正确"答案。
- 学生的回答反映出,他们认为如果是书本里的东西,肯定就是正确的。他们认为事物非黑即白,并对灰色地带感到不安。

建议

- 用书评、论文等来说明,聪明和见多识广的人对重要问题可以持不同观点。
- 使用"故意唱反调"的方法。
- 组织一次正式的辩论,并说明为什么这样做。

问题:支配

教师相关的表现

教师的话太多。

- 替学生回答了问题。
- 对每个学生的回答都做回应,并给出自己的观点。

学生相关的表现

一个或几个学生高谈阔论,而其他学生却变得更加沉默和消极。

- 一些学生忽视或忘记了他们在支配讨论的事实。
- 一些学生做出彻底的、自信十足的概括总结。

续表

建议
● 请那些占支配地位的学生腾出几分钟时间做笔记或成为观察员，让他们记录大家都说了什么或明确大家的观点。 ● 把课堂分成两组，将有支配和控制欲望的学生分到一个组，请这组学生做观察员并在另外一组讨论时做记录。然后让两组互换角色。 ● 提醒学生应该关注尽可能多的观点，确保所有的观点和想法都被考虑在内。
问题：麻木、粗鲁、不成熟的观点和语调
教师相关的表现 教师对学生或其发言进行压制或贬低。 ● 教师的言语尖刻、挖苦。 ● 当学生发言时，教师在左顾右看。 ● 对学生及其表现进行侮辱性评价。
学生相关的表现 学生表现得尖刻、挖苦，对其他人正当、合理的表现进行压制和贬低。
建议 ● 如果教师说了什么粗鲁的话，教师应该立刻道歉并提醒大家注意讨论和谈话的规则。或许教师可以将这转化为现身说法："我刚才做了什么，为什么这对于我们的讨论是无益的？" ● 如果学生说了粗鲁的话或做了不恰当的事，试着将全班作为一个整体，让他们认识和监督这种行为。即使是短期行为，你也应该温和但坚定地制止这种行为。 ● 找出对粗鲁行为表现出鄙视或急躁不安的学生，问："你在做鬼脸，你能解释下为什么吗？"

现在，我们要来探讨一些使用基本问题时出现的挑战性案例。

使基本问题变得友好亲切

当教育者（尤其是低龄儿童的教师）开始设计基本问题时，他们经常会问："基本问题应该是以儿童语言来设计还是以成人思维来设计？"我们的回答是，两个都需要！

请牢记教学和计划之间的不同。当我们刚开始设计单元教学时，我们会考虑整体的教学目标——标准、理解、知识、技能。基于这些，我们选择和设计具有代表性的基本问题。教师清楚地知道哪些问题对于理解性教学是真正有用的，这点很重要。不过，最终基本问题的使用者是学生。我们希望通过对学生提出与他们相关和接近的问题，来引发学生的思考。因此，通常我们需要编辑、修改、改编"成人"版的问题，使之更适合学生。以下是三个关于此类修改的例子：

- 一位中学英语/语言艺术教师开发了以下基本问题来引导学生的阅读、讨论和写作。"同伴是如何影响青少年的认知和行为的"这样的问题对于教学大纲中的短篇小说和长篇小说教学是合适的，而且也是与该年龄段的学生相关的。不过，教师却发现，这样的问题对她的学生从来不起作用，因为学生认为这样的问题太过"说教"。根据学生的建议，这位教师将问题修改成了"为什么有些人跟大家在一起时会做出愚蠢的行为"。这种修改被证明是成功的——立刻引发了学生的参与，激发了学生对这个问题长久的兴趣，并且解决了教学的核心内容。

- 在国际研究课程有关俄国历史的学习单元，一位教师使用了这样的问题："戈尔巴乔夫对他们的国家来说是英雄还是叛徒？"这个问题以学习活动和辩论的形式展开，教师让学生扮演不同的俄罗斯领导人（戈尔巴乔夫、叶利钦、列宁、斯大林、托洛茨基、叶卡捷琳娜二世），然后让学生针对基本问题写下各自的观点（如一篇模拟的报刊文章、社论或随笔）。在几堂课上都使用了这样的问题之后，这位教师认识到，这个问题还可以再宽泛点。

- 一位小学教师将她最初使用成人语言提出的基本问题"一个地区的地理、气候和自然资源是如何对这个地区的经济和人们的生活方式产生影响的"，修改为了"我们居住的地方是怎么影响我们的生活方式的"。

正如"要证明布丁是否好吃，必须先尝尝"，基本问题的价值也在于使用。也就是说，在使用过程中，教师要考虑，学生是否能与问题建立联结？问题是否能激发学生的思考和讨论？对问题的探究是否能深化学生的理解？如果不是这样，那么就需要对问题进行修改。

数学中的基本问题

前面提到过，我们发现所有年级的数学教师经常会纠结于如何设计和使用基本问题。这大部分是由于各年级数学课程标准的制定方法（对彼此分散的概念和技能的罗列）、课程内容在课本中的安排及评价方式（通过去情境化的带有正确答案的题目）以及套路式的教学规则和算法（如"你的任务不是要推理原因""请进行转化和相乘"）所导致的。这种数学教学内容的架构自然无法为课堂上的基本问题提供帮助。

我们曾提出一个建议，就是循序渐进地在不同年级使用一套顶层设计的概览性问题，这些问题主要关注数学中的重要思想和过程（如"数学是怎么用于测量、模拟和预测变化的"）。然后，我们就可以使用与之相配套的基本问题来讨论具体的技巧和主题了（如"我们如何使用分数来进行测量、模拟和预测变化"）。

美国《州共同核心课程标准》（Commom Core State Standard，简称CCSS）也提出了另一种在数学学科中使用基本问题的方法。除了传统的内容标准，美国《州共同核心课程标准》还包括一套练习标准，这些标准描述了希望学生掌握的思考过程和思维习惯，并提供了相应的基本问题，使之能用于不同的年级和教学。以下是这8个练习标准及其对应的基本问题。

1. **理解问题并坚持解决问题。**这是一个什么样的问题？必须要找到哪些已知条件？已知条件是什么？未知条件是什么？哪些可以作为合适的解题方法？我的解答有道理吗？我的解题方法对吗？如果我坚持继续解题，我应该做什么？这提醒我要注意哪些类似的问题？有哪些简单点的或具体点的案例可以帮到我？

2. **进行抽象的和量化的推理。**这些具体的数字之间是什么样的抽象关系？这种量化关系是什么？怎么才能透过这些数字找到它们之间的数学关系？我是否正确表达了这些数字之间的关系？哪种算法和等式能够帮我简化和解决问题？我对这些数字的抽象概括有道理吗？

3. **建立可行的参数并对其他推理进行判断。**这经过证明了吗？假定前提是什么？这个推论是基于什么样的假设？这种假设从逻辑上能推理出什么？这个结果合逻辑吗？这个结果看起来有道理吗？我能够充分证明我的答案并进行演示吗？这些解题方法哪个看起来更可信？这个论证有道理吗？哪些与我已经得出的结论是相悖的？

4. **进行数学建模。**哪些数学知识可以应用到这些情况和数据处理中？要对这种现象/数据/经验进行数学建模，我应该做哪些简化和估算？数学模型怎么经过提炼才能变得更精确？这个模型在这里有意义吗？我应该怎么来测试这个模型？这个（或任何）数学模型的限制是什么？怎么才能改进这个数学模型？

5. **策略性地使用合适的工具**。我应该用什么工具才能最有效地解决问题？我手头的这些工具各有什么优缺点？有没有更好的工具来完成这个任务？当需要时，我应该从哪里获得更有用的资源？

6. **追求精确**。对于这些具体的数据和解答来说，其恰当的精确度是多少？我对数据、推理和结论是否做出了足够清楚的表达（对听众和就我的目的来说）？有哪些术语需要明确进行界定？我是否测试过了我的答案的准确性？我怎么能保证？我们对答案应该有多少统计上的信心？

7. **寻找和使用结构**。这里暗含着什么样的模式？如果这只是一部分，那么整体是什么样的？如果这是整体，那么各个部分又是什么样的？这是哪种类型的问题？有哪些可能的等值关系或如何重组问题可以帮我们发现这道题的模式或结构？哪些观点的变化可以使解题方法更易懂？

8. **寻找和表达重复性推理的规则**。任务中的哪些规则暗示了一种永恒的关系？要表达这些重复性的模式，有哪些简明、快速的方法？哪些模式是明显的？我是否确定普遍模式会再出现，或者说我的样本是否太小？这是否是描述认知模式的合理方法？

注意：以上每一条下面列出的诸多问题都明确地代表了对每个练习标准进行口头解释时所用的语言和例子。

世界语中的基本问题

除了英语教师，现代语言和古典语言教师也经常会挣扎于如何开发和有效使用基本问题，尤其是对于初始阶段的课程来说。这是可以理解的，因为他们大部分人早期的教学都是聚焦于语法和词汇的基本结构。而且语言的教与学（不管是英语/语言艺术还是世界语）关注的是过程性知识，这些知识是通过听、说、读、写等技能循序渐进地习得的。这些科目的"内容"（陈述性知识）通常涉及的是文学和文化。尽管对教师来说，开发以文学主题（如"英雄"）和文化专题（如"庆典"）为对象的基本问题通常比较容易，但在教学语言的技巧方面开发基本问题对教师来说却是一个挑战。实际上，自从教师们开始纠结于第一阶段的教学（就像其他技能领域的教师如音乐和体育教师所做的），我们就经常听到语言教师评论说"理解性教学设计在我们这个科目中不管用"。这个阶段就要确定期待的教学结果，包括确定单元教学中要考虑的基本问题。

考虑到语言的螺旋式发展的特点，我们建议教师在每个单元讲授语言技巧时，使用宽泛的、概览性的基本问题。我们并不是说在语言教学中没有单元性的或没有特定主题的问题。实际上，我们也期待看到这些与单元主题相关的问题（如食品）和具体方法（如概述和总结）。

以下是语言教师有效使用一些常规性基本问题的例子。

动机

- 为什么学习另一种语言？
- 我学习另一种语言的动机是什么？
- 我学习另一种语言所期望的学习结果是什么？

- 学习一门语言将怎么有助于提高我的生活？
- 学习一种语言将如何为我们打开机会之门？

学习过程

- 我已经掌握了哪些语言学习的技能？我如何才能运用已有的交流技巧来学习新的语言？
- 什么是"语言模式"？这种模式是怎么来帮助我学习和使用新的语言的？
- 什么是不同的语言学习风格？怎么才能确定对我最有效的语言学习风格？
- 我的发音怎么才能更像说母语的人？
- 当我遇到困难时，该怎么做？
- 我该怎么去提高语言的流畅性和准确性？

交流

- 为什么一个字典不够？为什么我不用把所有东西都翻译过来？
- 说母语的人与语言流畅的外国人有何不同？
- 语言是以哪种方式在表达意思的？
- 离开语言词汇，你如何来"说"？什么是"身体语言"？
- 语言是如何根据情况变化做出改变的？为什么不同的人在不同的情境中会使用不同的词汇和表达？
- 当我的交流能力跟不上我的想法时，我该怎么办？
- 我如何才能使一个谈话继续？
- 在使用语言的过程中进行冒险的好处是什么？风险有哪些？哪些错误是值得冒险的？

- 书面语与口语有何不同？口语与书面语有何不同？听与读有何不同？

表演艺术中的基本问题

一点也不奇怪，表演艺术科目的教师也经常会遇到与前面所提到的问题相类似的挑战，尤其是当他们的教学聚焦于技能发展和练习时，情况更为突出。和世界语以及早期的读写教学一样，我们总是乐于相信教学的重点应该是为学生打下技能基础。但在初期培养音乐家、演员、电影摄制人员、舞者时，这种认识只会帮倒忙。对于学生来说，教师需要对他们进行最基础的基本问题的提问，如："这个表演怎么样？""那个表演的音调、气氛、情绪怎么样？""这个表演的鲜活性如何？""观众被感动了吗？""我们是否传达了什么或表达了感情？"

让我们来看一下传奇爵士乐队领袖艾灵顿公爵和他著名的歌曲《不摇摆毋宁死》。这种摇摆来自于灵魂对工作的专注，而曲名大概也可以普遍适用于所有的演艺活动。也就是说，正确地弹奏音符，逼真地绘画，准确地背诵，这些都不是最终的目标。实际上，在音乐圈里，"艺术大师"这个词有时被用来作为某种贬低之词，暗示尽管某位所说的音乐家拥有高超的技能，但却没有灵魂。

在表演艺术中，深入的问题和讨论更容易与创作过程和演出有关，而不是与演艺技能有关。比如，你可以试着让学生倾听或观看同一个歌曲、情景剧或舞蹈的三个不同的演出。这些演出有多少是相同的？有多少是不同的？这些演员和导演试图通过他们独有的方式表达什么？（这里有一个音乐课的简单例子：请学生对玛莎和范德拉斯版的《热浪》以及琳达·龙斯塔特版的《热浪》进行比较。让人激动的是，这两个版本

有完全不同的演绎和配乐）

因此，我们鼓励视觉和表演艺术教师考虑一下其他维度的教学，如艺术及其创作过程、解读和评论，还有艺术在社会中的作用，并由此引出基本问题。以下举例说明。

艺术及其创作过程

- 谁是艺术家？任何人都能成为艺术家吗？
- 为什么人们创造艺术？
- 艺术家从哪里得到灵感？
- 感情和情绪是如何通过音乐、视觉和动作来表达的？
- 每种艺术形式是通过什么样的方式进行独特的交流的？
- 我属于哪类艺术家？我能够成为哪类艺术家？
- 我如何通过其他艺术作品来提升自己？
- 我的艺术作品是如何变化的？为什么会发生这种改变？
- 我的艺术作品对我的影响有多大？
- 我是如何对某种艺术形式变得精通的？

解读和评论

- 我们如何读懂和理解艺术作品？
- 谁决定着艺术作品的含义？
- 艺术有寓意吗？
- 艺术应该有寓意吗？
- 一幅画能代替千言万语吗？
- 什么造就了伟大的艺术？
- 我喜欢这些（音乐、绘画、舞蹈、演奏）吗？
- 艺术表达的媒介也能告诉我们一些讯息吗？

- 对于特定思想和情感的交流,是否有些媒介要比其他媒介更合适?

艺术在社会中的作用
- 艺术作品能告诉我们有关社会的哪些知识?
- 艺术是如何反映时代、某地和思想的?
- 艺术是如何反映和塑造文化的?
- 艺术家是否要对观众和社会负责?
- 我们是否应该对艺术表达进行审查?
- 技术变革在哪些方面影响了艺术表达?
- 不同时代的艺术家对于相似的主题分别是如何探讨和表达的?

坚持下去

我们知道,一个简短的章节只能对大概的知识点浅尝辄止,而且书本并非是帮助解决问题的理想资源。就像在学习任何新的内容和复杂的表演时,技能学习都是需要花费时间的,另外在学习的过程中也会遇到挫折和疑问。但我们希望所提供的这些指南和技巧能够鼓励并指导你在基于探究的教学中继续向前、永不放弃。如果你将热衷于对这些方法进行探讨的人集合起来,成立一个小组,那么你会发现,人多力量大,你遇到的任何困难都会被这些志趣相投的同事和实践研究者们一起解决掉。

就像柏拉图在"洞穴之喻"中所说的,努力和阻力都是不可避免的。但最终,当看到引发学生好奇心和求知欲的强大力量时,没有人再愿意回到老套的方法中去。

常见问题

按你们所说,基本问题是开放式的,而且常常是暂时性的问题。但是在数学、世界语或其他以技能为核心的学习领域,似乎不可能有什么基本问题。因为在这些知识领域,学习者只需要学习事实性知识(如词汇)和对关键技能进行练习就可以了。

让我们回过头来重温一下在第 1 章我们所提到的数学和世界语的基本问题的例子,一起来看一下这些问题的共同特点。这些问题主要都是关于策略性知识的问题,而不是关于技能性知识的问题;是关于元认知的问题,而不是关于事实性知识的问题;是关于好的学习方法和技能操作的问题,而不是关于技能本身的问题。数学家们已经对数学证明的方法争论了几百年,对无理数、负数、虚数等"怪异"数字的意义和价值争论了几百年,对各种数学模型的优缺点争论了几百年,但仍未争论出结果。同样的,我们也很难说什么是最有效的语言学习,或者很难清楚地指出文化理解对语言学习的影响有多大。我们可以概括一下:在技能学习领域,基本问题通常更多关注的是对技能的策略性运用,而不是某个具体的技能本身。

第 6 章

如何在课堂上创设探究文化

在本书中，我们介绍了基本问题的特性、目的以及设计和使用基本问题的方法。但是要完全理解基本问题的作用还需要做出持续不断的努力，形成课堂探究文化。在前面的章节，我们也顺便提到了探究文化的重要性。在本章，我们会对形成探究文化的因素和方法进行更为综合和详细的解读。

差不多一个世纪之前，约翰·杜威对课堂文化和课堂提问曾做过观察，这些具有先见之明的观察至今证明仍然是正确的。

从来没有人能够解释，为什么儿童在学校之外能充满了好奇心和问题（所以，如果他们得到了一点点鼓励，他们就会缠着成年人问个不停），而对学校课程内容却明显缺乏好奇。对这种对比明显的现象进行反思将有助于解释传统的学校教学应该提供什么样的经验背景，让问题能够自然生成。（Boydston，2008）

我们认同杜威提出的关于学习者在课外通常比在课堂上更为充满好奇的假设。可能你也观察到，学生对学习内容的兴趣似乎与他们在学校的时间呈负相关。如何解释这种现象呢？是哪些因素阻碍了课堂探究呢？出现这种现象时，我们很容易去责备整个社会。确实，学校之外的一些因素影响了学生的学习动机和行为。比如，无趣的电视节目和电子游戏看似与思考格格不入，政治演讲更多的是与辱骂相关而不是与探究相关。但是，正如杜威所强调的，真正的问题是学校文化的问题。我们在之前章节所谈到的许多课堂规则说明，我们能够、也必须努力超越一些宿命的思维，比如，认为人类对大千世界的自然力量无法控制以及武断地对待我们周围本来可以改善和利用的一些事情。我们无法将教学困境中遇到的挑战最小化，但我们也绝不容忍教师一味地"责备学生，责备家长，埋怨社会"。我们是在对我们自己的学生进行教学，在我们的课堂上，对于我们可以做什么，我们应该有许多办法。

约翰·哈蒂（John Hattie，2009）通过分析800余个有关学业成就的案例，总结出了30多个影响因子，包括高水平问题、对元认知的关注、定向反馈等。比起学生的社会经济状况，这些对学生学业成就的影响更大。实际上，有太多的反例说明，高水平学业成就也是可能发生在薄弱学校的。比如，那些在薄弱学校的老师们，由于使用了苏格拉底式问题研讨法和基于项目的学习，而收到了非同寻常的好效果。在路易斯安那州的某个中学，我们观察了一个关于此类研讨的模拟课堂，该校校长当时不假思索地脱口而出："哎呀，我真没想到我们的学生真的会思考！"同样的，在一个好学校，我们对他们的某个提高班进行了观察，但他们的课堂就像洗碗水一样乏味。或许这是因为我们没有在我们可以控制的范围内做好学校文化培育工作。

实际上，我们认为，卡通人物珀格（Pogo）的一句话正好解释了是什么阻止了探究文化的产生："我们遇到了敌人，这个敌人就是我们自己。"更多时候，我们必须承认，许多常见的日常课堂教学活动和教师行为确实阻碍了探究文化的产生。如果教学的标准就是对教学内容的传授和教师的高谈阔论，那什么时候才有学生提问的机会呢？如果我们的教学评价主要是鼓励对事实性知识的记忆和识别，那么，深入思考的机会和动机又从何而来呢？如果我们让学生在表达观点后感到自己很笨，那么其他学生怎么可能再去主动表达观点呢？

就像是嗜酒者互戒协会（Alcoholics Anonymous）工作的出发点一样（也就是说，首先第一步，是要承认自己确实有问题），我们认为，建立探究文化的出发点应该是让教师对传统教育的意外效果进行研究，也就是说，要研究传统教育是如何扼杀学生的好奇心、参与性和高级思维的。有目标地对课程、教学和课堂活动进行设计，会对学生参与和思考的质量产生深远的影响，有关研究和实践都已证实了这一点。

在本章，我们将对构成和维系课堂探究文化所需要掌握的八个要素进行探讨。

要素1：学习目标的分类

我们的教学实践在多大程度上实现了教学目标？如果理解和批判性思维是教学目标之一，那么我们的课程和评价是否反映了这些目标？换句话说，我们是否践行了我们的主张？

我们应将预期目标与实际操作的契合度进行对照，这是因为对探究目的的透明度、如何把探究目的落实于探究实践及其重要性的重视程度，将会影响学生的行为和态度。

有句经典的建筑学格言是这样说的："形式必须服从功能。"对于教育而言，这意味着我们对学生实施的教学及其标准，必须与学生的学习目标相一致。从更宽泛的意义上讲，我们指的是课程、教学和评价的整合。就像前面的问题所提到的（如，如果真正的目标实现了，那为什么还要进行探究），课程、教学和评价的整合能够巧妙而有力地塑造教师和学生的角色和行为。这也解释了为什么那些有明确教学目标的教师以及那些使用良好教学策略的教师，会因为学生没有像他们期待的那样进行深入思考或自由讨论而感到沮丧；这还解释了为什么即使是那些承诺进行探究教学的教师，也会因为自己的话太多而造成学生发言的机会太少。可是，到底为什么会出现这些意外情况呢？如果课程编排的方式导致教师只关注完成教学内容，如果我们的考试只关注对教学内容学习的评价，那么，我们该怎样更清楚地让学生明白——不管老师的愿望是什么——深度探究既可以成为有效学习的最佳选择，也可以成为有效学习的干扰。

因此，如果我们假设教学的（唯一）目标是要让学生掌握熟练的知识和技能，并让教师和学生都按照这个目标进行教与学的话，那么照此进行的讨论就会比较肤浅，不管教师和学生期待什么样的知识，教学中的问题大多都会与基本的事实性知识和技术性知识有关。在为了完成教学内容而教的世界，提问的目的是为了寻找信息和检查记忆。而且我们也发现，大部分问题是低级的关于单一知识和理解的问题，这些问题通常由学生、教师或课本提出，比如："什么是……""……有哪些步骤？""谁是……""……是什么时候发生的？""家庭作业是什么？""你是如何……""对这些测验，我们需要知道哪些东西？""这需要多长时间？"更多的开放性问题和深入的讨论不但不受欢迎，而且还会被看作完成教学内容的障碍。

另外，如果课堂作业、活动和评价能让学生明白，深度思考是成功所必需的，那么我们就有可能听到不同的问题——高级发散性问题，如："为什么……""我们怎么能……""谁有不同想法？""你如何平衡她的这种认识与她之前的认识？""当你说……时，你的假设是什么？"最重要的是，学生会认识到，要取得成功，就需要对此类问题进行深思熟虑的认真回答，而且课堂作业或家庭作业是被设计来引出这些问题的。

这也是为什么在最新版的《理解性教学设计》(第二版)中，我们明确区分了习得性目标、意义获取性目标、迁移性目标的根本原因。因为这三种不同的学习目标需要在课程、教学、评价的整合过程中给予不同的重视。迁移性目标和意义获取性目标尤其需要学生进行深入的思考和讨论，因此教学也必须能够通过设计来激发学生的思考。表6.1总结了这三类目标的特点以及所需要采取的教学行为。（关于理解性教学设计背景下的课程改革，请见威金斯、麦克泰格，2007）

表6.1 三类学习目标及相关的教学任务和策略

学习目标	教学任务和策略
习得性目标 此类学习目标是要帮助学习者获得事实性知识和基本技能。	**直接教学法** 教师的根本任务是通过对既定知识和技能的明确教学来向学生传授各类知识和技能。 教学策略包括： ● 诊断性评价 ● 讲课 ● 引导性策略 ● 利用图表 ● 提问（聚敛性问题） ● 演示/建模 ● 过程指导 ● 指导性练习 ● 反馈、纠错

续表

学习目标	教学任务和策略
意义获取性目标 此类学习目标在于帮助学习者构建重要思想和过程的意义（也就是说，达成理解和共识）。	**促进教学法** 教师的任务是使学生积极参与到过程性知识的学习中，并引导学生对复杂性问题、课文、项目、案例或模拟进行探讨和识别。 教学策略包括： • 类比 • 利用图形 • 提问（发散性问题）和探讨 • 概念获取 • 以探究为导向的方法 • 基于问题的学习 • 苏格拉底式问题研讨法 • 交互式教学 • 形成性（过程性）评价 • 反思和总结
迁移性目标 此类目标是为了支持学习者能够在新的学习情境中将自主学习和有效学习的能力进行迁移。	**辅导** 教师的任务是建立明确的学习目标，随着学习情境复杂性的增加，监督指导学生的学习过程和表现（独立学习）、为学生提供示范、给予持续性反馈（尽可能是个人化的反馈）。另外，教师也要在学生需要时提供"及时的教学"（直接教学法）。 教学策略包括： • 过程性评价，为学生的学习和表现提供具体的反馈 • 组织讨论 • 激发自我评价和反思

在这里，我们建立有效探究文化的准则是：言出必行，说到做到。如果你希望学生进行思考和探究，你就必须确保能要求学生进行面对面的活动、作业和评价，而不是让他们随意选择。仅仅叙述或重复基本问题，在教室来回踱步布置问题，或延长教师的等待时间——这些都很难对达成教学目标和形成探究文化提供帮助。而且我们知道，假定学生认为在学校学习仅仅是为了获得知识内容和进行考试，那么留出明确的时间对重要问题进行探讨就变得尤为重要了。当开始进行思考和讨论时，每个学生都需要知道，这种思考和讨论与其他课堂思考和讨论有何不同；学生还需要知道，学习的主要目标是进行深入的研讨，而不仅仅是扯闲话。

《儿童教育计划建议》（1982）的作者莫蒂默·阿德勒以及苏格拉底式问题研讨法的支持者们坚决主张，应该专门抽出某些课时或整个一天时间，如"星期三革命"，来开展非灌输式的教学，以使学生彻底明白，他们的学习目标和方法正在从习得式学习转向探究式和研讨式学习。我们可以试想一下，在科学实验课、艺术课以及大学的研讨会上是如何来做类似的事情的，这种对目标、时间和行为的控制是使用基本问题教学能否取得成功的关键。否则，教师和学生会把基本问题仅仅看作学习知识内容的手段，从而错过对意义的建构。

在探究式学习中，当学习目标从获取知识内容转向建构意义时，为了让学生明确知道这一点，这里有一些使学习目标变得清楚和明确的方法。

1. 将基本问题贴在教室显眼的地方，并时不时地定期进行参照（而不仅仅是在单元教学刚开始时）。向学生说明，在学习知识和技能时，对这些问题的探讨将起到非常重要的作用。
2. 写下本年度教学大纲对教学目标的要求，明确不同类型的教学目标对学习行为有不同的要求。

3. 用理解性教学设计模板（2.0版本）对单元学习做出规划。在这个模板中，学习目标被分为三种：迁移性目标、意义获取性目标、习得性目标。然后，根据每堂课或每个活动的目标来编写课程。（相关内容请参照《创造优质单元教学：理解性教学设计指南》的B和E模块。威金斯、麦克泰格，2011）

4. 除了公布基本问题，还要在墙上贴张大海报，突出课堂学习的不同目标（例如，学习知识内容，探究基本问题，运用所学知识解决问题和难题，进行批判性思维，等等）。当教学重点从一个学习目标转移到另一个学习目标时，请对学生做出明确说明。一旦通过模拟和教学向学生明确了不同的学习目标，就请他们相互提醒，当学习目标转移时，需要相应地对哪些学习行为做出调整。

5. 选择或开发评价量表，考查学生提问及对基本问题回答的质量。不必对学生的表现进行打分，但要确保每个学生和整个班级都理解积极参与、相互尊重和深入思考进行回答的重要性。使用评价量表对学生有关基本问题的回答进行反馈，指出其优点和不足之处。在同伴反馈和学生自我评价中，也可以使用同样的评价量表。

要素2：问题、教师和学生的作用

既然探究不同于单纯获取知识，它有其不同的目标，那么就需要明确所有参与者的角色和作用。从探究文化的角度来看，当使用基本问题时，会出现以下三个有趣的角色转变：

1. 问题变得比任何答案都更为重要；
2. 教师必须转变为促进者和合作探究者；
3. 学生必须成为自己的老师，越来越多地对自己的进步负责。

因为这些角色和作用对教师和学生来说可能是模糊的、陌生的，因此我们需要通过提供有效的教学和环境支持来明确它们。

问题的作用

基本问题的全部理念在于表明真正重要的是问题本身，而非答案。这也是为什么理解性教学设计将基本问题而非基本答案放在了设计的第一阶段，也就是说，教学目标是产生深刻和持久的提问，而不是某个回答。

差不多50年以前，美国心理学家、教育家杰罗姆·布鲁纳（Jerome Bruner，1965）对于深入探究式教学中提问的作用进行了具有启发意义的解释。一个问题"有两个作用，一个作用非常明显，即将观点阐述得更完善；另一个作用不是那么明显，而且让人觉得有些意外。这些问题通常是作为判断学生学习进度和学习效果的标准"。对此我们完全同意！这样的问题是作为检验标准出现的，它们是日常学习的一部分。从更现实的意义上来说，这样的问题真正要解决的是学习目标。因此，我们必须越来越善于提问并回归到基本问题。

或许最好的能解释清楚问题作用变化的方法，是指出基本问题与事实性问题的关键特征。对基本问题的回答通常是尝试性的，对这些回答本身也需要经常进行质疑。因此，当学习目标是进行探究时，回答的作用会有极大的不同。如果教师提出了一个恰当的探究式问题，可能没有一个答案最终能结束对问题的探究和讨论，不管这个答案听起来是多么有道理。因此，对学生回答的正确反应，应该是要求他们对已有回答做出更进一步的质疑和探究。当我们对一个答案进行质疑时，首先要确保我们理解了这个答案，然后再更好地去思考为什么他会给出这样的回答，尤其是要找到这个答案的依据和推理。

因此，基本问题的本质决定了更深层次的提问。从更实际的意义上来说，其实问题本身就是老师，就像在进行团队运动时，比赛本身就是老师一样（你或许有必要把这两句话贴在墙上任何基本问题的旁边）。直到或除非基本问题被看作"教师"，我们才能说你已经建立起了探究文化。换句话说，在基于探究的环境中，答案是有待验证的假设，而不是需要重复的事实。不管是在苏格拉底式问题研讨中，还是在科学实验室或音乐工作室里，问题的解答是否正确，其真正唯一的判断标准不是老师，而是以不同方法对问题进行探讨所产生的结果。

教师的作用

因此，在课堂上，我们作为成人的角色，要从"解答者"转变为"探究的引导者"。这里需要做两件事：

1. 模拟或强化有效讨论的标准；
2. 成为细心的倾听者。

在这方面，作为引导者，教师要应对四个挑战：面对几乎从来不回答的问题；面对几乎从来不评价的答案；尽可能成为有帮助却低调的"交警"；指出学生已有的看问题的新角度、矛盾的观点或不同回答之间的差异，并进一步提问。

过去，教师的作用是对学生在讨论中的回答进行评价，但在探究文化的课堂上，通常这是不对的。根据学生自主学习的最终目标，教师需要逐步将责任转让。在教师的引导下，探究教学的目标必须要清楚、明确，以使学生越来越愿意、也越来越能够对自己在探究学习中的行为做出评价。尽管你在刚开始时必须对此类的研讨做出模拟或奖励，但最终它必须成为学生自己的责任。因此，当学生在做出每个回答后，不再无意识地看着你，仿佛你的作用就是要对他们的回答做出评价（或让他们继续探究）时，就表明学生进步了。

换句话说，只有当你有意或明显地避免做出教导和评判时，才有可能进行更深层次的探究。你的作用是推动产生更多的问题，帮助学生理解进一步探讨的必要性——就像苏格拉底通常所做的那样（这也是为什么我们将其称为苏格拉底问答法或苏格拉底式研讨法的原因）。一旦你进行了提问，并确信学生能够自由参与，你的主要目标就是仔细倾听，以便对学生的回答做进一步明确的提问；或者进行观察，以便随时提示他们相关的知识或之前的观点。根据大量的个人经验，我们可以肯定，当你对学生的回答和讨论做的记录和重述多于学生自己的时，你会赢得学生最大的尊重。

在第5章，我们讨论过，在使用基本问题时，许多教师作为探究教学的促进者所应做的角色转变。为了深化我们对教师作为敏锐的倾听者和学生表现的研究者的角色的认识，这里，我们再举几个例子。

- 你为什么这么认为呢，艾拉？你能给我们指出你是根据课本（或问题、数据）的哪个地方得出你的这个想法的吗？
- 吉姆的回答与15分钟前你们都赞同的乔的回答一致吗？
- 有没有其他解决办法？拉蒙给出了一个精彩的回答，但是不是罗莎的意见也是另一种解决问题的有趣方式呢？
- 其他人同意吗？萨里，你摇头表示不赞同，那么你是怎么想的？
- 这些回答有哪些是相同的，哪些是不同的？
- 有谁能对自己所理解的普丽西拉的想法进行解释？（当普丽西拉的回答不清晰，而且即便是教师认为这个回答有道理但却有可能被学生忽视时，这种方法或许用得着）

- 现在我有点糊涂了。伊恩，你昨天说这个原因是＿＿＿＿＿＿，而塔尼娅也表示赞同。难道现在你们的想法改变了？

很少有教师能轻而易举地做到在短时间内少说话、多倾听（这也是为什么有必要建立新的规则，让每个人，包括我们自己，都能自如地在新规则下开始新游戏）。实际上，改变课堂文化的最大困难，是我们担心在新的角色下，我们会对课堂失去控制。

学生的作用

如果我们理解了提问和教师的各自作用，那么学生的作用也就显而易见了。现在，既然目标清晰、条件成熟，学生就必须对自己的角色和作用进行消化和练习，在一段时间内学会控制交流和讨论，表达自己的想法。

另外还有一些误解需要消除。研讨并不是要打分的活动，真正的探究不是争论，不相信自己观点的行为并非美德，反对将自己大量的参与建立在拒绝他人参与的基础上。以上所有这些都必须制定成正式的规则和评价准则。因此，学生的作用有点类似于运动员：探究就像是一项小组运动，我们在这个小组中一起合作，当所有成员都积极努力并尽力相互帮助时，我们就能超越和进步。最好的探究和讨论来自大量诚实和真诚的回应，而不是由分数、同伴压力、表现或控制欲望驱动的有目的的、盛气凌人式的回应。

让我们来看一下以下这些方法，它可以使探究课堂中参与者的角色和作用更加明确和突出。

- 在讨论中观察学生的双眼，看看在其他学生做出回答时，它们是否都会不知不觉地转向你求助？尝试用低头做笔记、提醒学生自己的角色、鼓励学生在教师参与前至少做出8个连贯的回答或提问的方法。
- 对新规则和准则中的角色和作用进行描述（见下一章节）并进行练习。
- 通过向学生提出逐步深入的问题，来评价学生的能力。
- 如果进行有提示性语言的书面测试，请使用学生之前在讨论中所使用的语言。
- 确保学生在解答基本问题时的进步得到及时评价（如通过前置测试和后置测试）。

要素3：明确的规定和行为规范

明确的目标和任务非常重要，因此清晰、透明的规定和规范的行为准则是培育课堂探究文化的基本工具。学生不仅在形成学校和课堂文化中发挥着重要作用，而且他们的亚文化群（在功能不良的学校尤其如此）也有相应的规范和风气，从而能够压倒成人的信仰和目标。比如，一般的学生行为规范看起来枯燥乏味，而且容易引起消极反应（如通过翻白眼或羞辱其他人来得到高分的答题机会）。只有有意识地关注规范的行为并强化这些行为，才能对付此类消极行为。

实际上，就像所有游戏和体育运动中的规则一样，诸如问答法、苏格拉底式问题研讨法、文学社团、科学实验室、基于问题的学习、基于项目的学习等教学方法的核心，在于通过规则、语言和工具表明，要获得最有效的学习结果，就应该使用和掌握一套清晰、明确的步骤和方法。

对提问规则的使用不只限于教育机构，事实上，一些成功的公司也使用此类方法来发展探究文化，正如谷歌的董事长埃里克·施密特所说：

我们是靠问题而不是靠答案来管理公司的。在战略发展中，我们迄今为止已明确了30个问题，这些问题是我们必须回答的。举个例子，我们有大量的现金,我们该怎么处理这些现金?我们怎样才能让产品做得越来越好,而不是大量地重复生产?一个有趣的问题……在谷歌搜索中,下一个突破性进展会是什么?还有一些挑战性的问题:面对微软公司据说已经上市的不同产品,我们该怎么做?将这些作为问题而不是答案来提问,会激起大家的讨论。创新就源自这些讨论和对话。创新不是某天我醒来说"我想创新",我想,如果你能将它作为一个问题来问,你就能得到一个更好的创新文化。(Caplan, 2006)

格兰特曾将小组探究比作团体运动,他提出了清晰、明确的方法和任务,这些是探究需要具有的,也是需要练习和提高的。比如,应该早点确定教师要提出的问题,把这些问题放在讲义和布告板上,以此告知学生,他们的任务是学习这些步骤:"这些问题不只是我的,也必须尽可能快地变成你的,因为它决定了讨论的质量。接下来的几周里,我会请你们承担并练习这些角色和任务。到年底时,希望你们已经能够自如地使用这些问题。"在随后的几年里,学生会被要求制定有效讨论的规则,并坚持和践行这些规则。实际上,有一年,从曲棍球比赛中得到启发,学生制定了一个惩罚箱规则,当有人犯错时,就会被大家(或某个被指定作为"裁判员"的同学)处罚——禁止讲话 2 分钟。

我们需要这些规定和准则,因为我们会对有时退回到原有的一些习惯感到愧疚,这些习惯包括:滔滔不绝、挖苦别人,或一旦得到想要的答案就不再进一步探究等。因此,我们需要正式制定这些行为规范,来帮助我们有意识地、自觉地规避掉一些自然的但却无用的语言和行为。

以下是一些开发探究教学的行为规范和准则的办法。

- 与学生一起共同开发用于基本问题课堂讨论的行为规范。
- 让学生了解你作为教学的促进者和指导者所做的事情和转变,也让他们知道你希望他们承担的角色和任务。请他们每天尝试一两个变化，就像我们在体育运动时所做的那样：先通过操练来练习位置变动，然后再在真实的比赛中应用它们。

- 让学生承担他们觉得最合适或最感兴趣的角色和任务，留出一段时间给他们对这些任务进行讨论，请他们每次对自己的表现进行自我评价。定期与班级学生共同进行反思，回顾一下在探究的过程中，每个人做得怎么样，每个人在集体中的表现又怎么样。

要素4：安全和有利的环境

如果班级或学生的表现很重要，学生在参与探究时却感到不安全；如果学生害怕被认为愚蠢，因为老师和同学的点评让他感到不安全；如果教师对学生的评分只针对事实性知识……那么，不管教师怎么解释探究的方法，甚至不管制定了什么样的行为准则，都不会起太大的作用。当面对消极不利的环境时，学生只是不想在回答安全的问题时承担太多在公开场合的冒险，对自己的言语过于卖弄或假装信心十足，不愿去对教师、教学内容或其他同学的观点进行质疑。

有针对性地去模拟现实中的不确定性，是向学生暗示安全的探究环境的基本方法。我们必须战胜我们自己——也要帮助学生战胜自己——战胜当我们表达不确定时，害怕被别人认为愚蠢的担心。这种担心和恐惧已经扎根于教师和学生内心，所以即使刚开始时让大家自由地对基本问题进行探究和讨论，也很难得到响应。确实，几十年来，我们经常看到，许多最优秀的学生甚至成人，在说出自己的观点或想法前都会有一个开场白："我知道这听起来似乎很愚蠢，但……"

因此，我们有必要对怀疑、不确定、害怕被认为白痴等问题说点什么了。当教师和学生开始清楚地发现，不管发言者是否害怕，他们的观点都会不约而同地被证明是深刻的、有价值的思想时，积极的课堂环境的转变就显而易见了。

因此，我们也有必要投入一些时间，通过班级讨论或学生调查来关注如何改善讨论的环境和质量。表6.2是格兰特每周都要用到的一个简单的调查表。

表6.2 课堂气氛调查表

1. 你认为今天的讨论怎么样?					
	1	2	3	4	
2. 问题处理得怎么样?					
深入的	1	2	3	4	肤浅的
3. 课堂讨论的开放程度和诚实度如何?					
开放、自由、诚实	1	2	3	4	小心谨慎、虚假对话
4. 你觉得舒适/安全吗?					
安全	1	2	3	4	害怕说出自己的想法
5. 指导者的表现如何?					
很好的倾听者	1	2	3	4	糟糕的倾听者/话太多
熟练控制	1	2	3	4	失控
6. 讨论的亮点有哪些?					
7. 讨论的低潮是什么?					
8. 评语:					

我们在第 4 章提到过，教师推进探究和讨论的方法各不相同。另外，我们也早就知道有些不恰当的教师行为会束缚学生对问题和观点的思考、分享和探讨。但从文化的视角来看，还有一些其他的环境因素会影响教师帮助学生自由发言和诚实表达观点的行为。

在培育探究文化的过程中，可以尝试以下方法来为学生创造一个安全的、有吸引力的环境。

- 回顾第 4 章提到的方法。
- 对课堂进行录像或录音。首先，听一下你自己的语气语调、你的等待时间，数一下你提问的高水平问题和低水平问题的数量，再看看你对学生的回答是如何回应的。你的这些言行举止中，哪些对学生是有帮助的，哪些是无益的？其次，再来观察一下学生的表现。学生的哪些举止会促进或阻碍他们的思考和深度探究？要建立安全和积极的课堂文化，我们可以从中得到哪些反馈和计划？
- 指定一个或更多的"过程观察者"，让其使用现有的评价准则或检查表来对接下来的讨论做记录或进行反馈。

要素 5：空间或物质资源的使用

如果空间组合得力，开展自由流畅、不断延伸和有深度的讨论是件很容易的事情。每个老师都知道，让学生按照圆形或矩形排列座位比一律面向老师以横排排列座位能方便学生更好地进行对话和交流。就像阿德勒（Adler，1983）所说，成功对话的先决条件"是对教室的布置"，这些布置应该"正好与演讲大厅的排位相反"。正如《教化课堂》的作者所说，"之所以按照圆形来布置研讨会，是为了让每个学生都能够与其他同学交流"，而老师应该坐在圆形圈里面，以便他"不会象征性地以权威的形象出现"（Roberts & Billings，1999）。

尤其是在硅谷，大多数现代公司都曾尝试过通过对空间和桌椅的排列组合来最大化地发挥对话和创新的功效。这里有一个生动的故事，讲的是史蒂夫·乔布斯对建造新的皮克斯总部的要求。

他请人把皮克斯大楼设计成能够提高人们相遇和合作概率的构造。"如果一个建筑无法做到这些，你就会失去许多创新和意外新发现的机会。"他说，"所以我们把大楼设计成能够让员工走出办公室，随意散落于中庭，与那些可能平时见不到面的同事进行交流的样子。"前门和主要的楼梯和走廊都通向中庭，咖啡座和信箱也都在那里，会议室的窗户也正对着中庭，从拥有600个座位的剧场和两个小一点的放映室走出来也都可以直接进入中庭。"史蒂夫的理论在第一天就起作用了，"皮克斯首席创意官、动画巨匠拉塞特回忆道，"我不断遇到以前几个月都看不到的同事，我从来没见过一个建筑能像皮克斯大楼那样如此促进人们之间的合作与创造。"（Isaacson，2012）

不可否认，我们大多数人都没有机会来对学校环境进行设计，但是在这个可移动、可组装设备的时代，大多数老师对他们的课堂空间却有相对的支配权。我们鼓励你们研究一下如何改变教室布置以更好地配合课堂上的探究、讨论和合作。（更多关于教室空间设计的在线报告，请见 http://jan.ucc.nau.edu/lrm22/learning_spaces/ ；关于建筑学视野工作空间设计的有趣文章，请见 http://www.archdaily.com/215703/caring-for-your-office-introvert/ ）

请尝试用以下方法，使用设施设备来设计一个支持探究文化的空间。

- 当教学目标是进行合作性探究时，请将学生的桌椅摆成圆形或矩形。

- 如果你的班级规模非常大，那么有必要将桌椅摆成内外两个圆形，这样一半学生可以轮流参与讨论，而另一半学生可以做笔记并准备稍后对讨论内容和进展进行点评。另外，作为学习的一部分，你也可以组织小组讨论。

要素6：利用课内外的时间

在整本书里，我们都建议读者给合作性探究明确留出一定的时间，以便做出教学目标和方法上的调整。尽管我们建议的时间长短可能有些武断，但我们敢说，留出20%～50%的课堂时间用于进行深入的合作探究，是一个合理的时间范围。

教育领域最大的错误——我们称为教育的"自我中心主义错误"——是认为"如果我讲授了它并重点突出了它，那么学生就必须（或应该）学习它"。其必然的结果是认为，"如果在讨论和反思上花费了太多的时间，就会占用讲授教学内容的宝贵时间"。通过研究，我们现在理解了——这也是所有优秀教师凭直觉可以理解的——理解复杂性概念和思维过程是需要时间的。确实，如果我们在意的是培养学生的理解力，那么就非常有必要分配一定的课堂时间让学生去探究和获取知识的意义，去对易混淆概念和错误观念进行梳理和持续评价，去对如何更好地探究、讨论和学习开展元认知。

哈佛大学物理学教授埃里克·梅热曾进行了一项长达十多年的调查，调查显示，学习者的认知理解和技术性知识（用传统的测试方式对此进行检测，类似于检测物理学上存有争议的观点）更多是从同伴互动和建构性学习中获得的，而很少是从正规教学中获得的（Mazur,

1997）。他在一个讲座大厅里对人数众多的班级开展了教学，其教学效果尤其值得关注。他还是最先在高等教育中使用学生应答系统来帮助所有学生积极参与学习，并对学生的认知和理解水平进行常规监控的先行者之一。

要达成探究教学的目标，我们不仅要考虑课堂上的时间分配，还要考虑需要学生在课堂之外做些什么，这点也非常重要。如果学生在课外没有读过文本，没有做过实验，没有参与过网络调查，没有经历和分享过小组学习的经验，就不可能有对文本、问题或数据的实质性讨论。

不管你怎么评价可汗学院（www.khanacademy.org，一个美国非盈利教育组织，通过在线视频课程向世界各地的人们提供免费的高品质教育）影像资料的质量，有一点很明确，他们支持"翻转课堂"的理念。在信息化的社会中，每个人都很容易在课堂之外得到个人辅导教程和有效的反馈信息，因此，现在课堂上宝贵的时间可以充分用于交流观点，将知识应用于有意义的任务，老师和学生不断做出和使用反馈，并对深刻的问题进行反思了（见 Bergmann & Sams, 2012；Miller, 2012）。

一起来看一下在探究型课堂上优化使用时间的方法。

- 与你的同事一起思考以下问题："在课堂、课外以及完成学习目标的过程中，如何做才是对时间的最佳利用？"
- 在学生面临需要完成解决问题的任务，需要正式建立行为规范以及需要时间来学习和练习与目标相关的新角色时，请留出一段正式的教学时间给他们。
- 我们还应该留出一些时间用于对探究和讨论进行总结——哪些是有效的？哪些是无效的？哪些是应该作为重点的？哪些还需要提高？——就像是教练对运动员或导演对演员所做的那样。

要素 7：学会使用文本和其他学习资源

在本书中（以及在所有我们有关理解性教学的文章中），我们都在提醒读者要把课本看作一种资源，而不是课程。就像我们在要素 1 中提到的，因为当课程是课本，而教师忙于完成课程时，教学的知识信息是明确的、无法改变的。也就是说，学校教学的重点在于让学生学习发到手中的材料。在以课本为主的课堂上，深度探究被认为是边缘的，因为有太多的教学材料要讲授，所以教师无法高效地利用时间。因此，教师不得不主动去考虑哪些是课本能做到的，哪些是课本不能做到的，以此来推进探究教学。在大多数情况下，这需要提供辅助材料来补充课本内容，比如，教学大纲、辅助教材、多媒体资料、书面规定、个体或小组研究项目以及以探究为中心的评价和标准等。

让我们来看一个简单的例子，如何对美国的历史课本知识进行补充。假如你希望学生考虑以下基本问题：

- 这是有关什么的历史？
- 历史中哪些是客观的，哪些是有偏见的？

可惜，大部分的课本都会掩盖事实，可笑地将自己看作权威的资源——当它们只呈现对某件事实的特定理解时，通常它们对历史资源的呈现方式是模糊不清的。（更多阅读请参见 James Loewen《老师的谎言：美国历史课本的荒谬》，1996）

以下是有关美国独立战争的补充读本，作为对目前课本的补充，它可以帮助学生对基本问题进行更深入的探究。

那么，发生美国独立战争的原因是什么？人们常认为是"七年战争"之后几年中英国政府的暴政导致了独立战争的爆发,这种观点长期以来也普遍被大众接受。但现在历史学家们确认,英国殖民地是世界上最自由的殖民地……

1763年之后,法国的威胁被解除,殖民地不再依赖于英国的援助,但这并不意味着殖民地希望独立。殖民地绝大多数居民都很忠诚,即使是在印花税法案颁布之后也是如此,他们以帝国及其自由为荣……在印花税法案颁布后的几年里,极少一部分激进分子开始闹独立。这些激进分子瞄准每一个机会,试图煽风点火、挑起事端……他们很快就找到了兴风作浪的机会,在波士顿上演了一出波士顿倾茶事件……独立战争在13个殖民地中已经发展成为内战,所有人民都经历着双重效忠的折磨。约翰·亚当斯后来在1776年曾经提到,当时赞成战争的人还不到三分之一。(美国卫生、教育和福利部,1976)

正如你想到的,这个案例并非来自典型的美国教材,而是来自一个加拿大中学的历史课本!现在,作为对学校课本的补充,在读了这些材料后,"什么是历史""有关谁的历史""哪些材料是可信的"这些问题都冒出来了。(还要注意一点,当我们面对这些对基本问题持不同观点的学生时,这些例子是如何体现我们在第4章中介绍的内容的)

我们极力推荐教师使用以下问题来检查、审视每本教材,看其是否足以支撑起探究教学。这些基本问题包括以下内容:

- 哪些章节应该作为重点/浏览/完全跳过?
- 这个章节的哪一部分应该作为重点/浏览/完全跳过?
- 哪一部分需要进行补充,为其提供突出不同观点、当代问题或"难以应付"问题的材料?
- 在肤浅的概要下,还会暗藏着哪些重要问题?

- 有哪些与基本问题相关的信息没有出现在课本中？
- 应该怎么来评价对基本问题的解答，尤其当课本小测验只关注教学大纲要求掌握的内容时？

要素8：评价

最后但同样重要的是，任何教育文化的核心都与评价有关。一些老生常谈的话语其实包含着很多智慧，如"我们只测量值得测量的东西""所测即所得""被认为有用的东西才有用"。当然，学生立马会在学校学习中不断提出疑问，"这会考试吗？""这有用吗？""这值多少分？"如果我们对它测试或打分，它就会变得很重要；如果我们不做评价，它就不会被重视（不管我们说它有多重要）。

对重要问题的深度探究非常重要，但几乎没有课本或地方的学业评价能够对此做出明确规定或说明。原因在于，如果我们希望改变对思维和探究学习的看法、态度和行为，我们就得开发出能够对基本问题的练习和解答进行评价的方法。

简单地说，我们必须能够评价学生的提问、探究以及通过证明或论证对高水平问题进行解答的能力。在新的美国《州共同核心课程标准》有关英语/语言艺术的规定中，实际上这些也被确定为优先发展的对象。在《理解性教学设计》（威金斯、麦克泰格，2005，2011，2012）这本书中，我们可以看到更多有关评价的详细讨论。

在评价中使用基本问题的一个自然的方法，就是将问题作为正式提示多次提出。这些基本问题可以用于预评价、形成性评价中，或者作为总结性评价的一部分。因其目标是提高提问和回答的水平，因此这种最简单的提问方法可以明确告诉学生我们要做什么。然后，通过评价规则和样本，我们可以对要教学的步骤做出更加明确、清晰的说明。

格兰特在教学中用到的一个突出讨论和认真倾听的简单方法，是偶尔进行"匹配语录"测试，也就是使用课堂讨论中出现过的话语。这种测试要求把学生讨论中说过的话与讨论主题和是谁说的进行匹配。在相关的策略中，格兰特的女儿亚历克西斯发明了一个编码系统（如表6.3所示），用于对现实课堂上的学生讨论进行监控和评价。（你可以看到她的学生在参与对《罗密欧和朱丽叶》的深度讨论时，没有任何教师在场和干预，详见 www.authenticeducation.org/alexis。）以下是亚历克西斯在纽约做教师时用过的一份材料。

因为这是一个团队作业，因此评价也是按团队来进行的，整个班级将得到一样的成绩。作为班级的一员，你需要做的是争取获得A：一个真正投入、深入分析的讨论。

（1）每个人以有意义和实质性的方式参与其中，每个人都是平等的。

（2）讨论进展的速度考虑到了进行说明和思考的时间，讨论并不枯燥。

（3）有平衡和规则意识，每次都聚焦一个发言者或一个观点。讨论生动活泼，既不过于亢奋，也不流于形式。

（4）讨论有逻辑性，努力尝试解决问题后，再继续新的问题。

（5）点评是有目标的，大声喧哗或冗长啰唆不占优势，鼓励害羞或沉默的学生发言。

（6）学生互相尊重和认真地听取意见。当有人发言时，没有聊天、开小差、做鬼脸、玩手机或电脑等现象（这种现象会不尊重或破坏讨论的整体效果）。对于挖苦和油嘴滑舌的发言也是如此。

（7）每个人的观点都被清楚地理解了，那些没有发言的学生被鼓励重新表达自己的观点。

（8）学生冒险寻找更深层次的意义和新的见解。

（9）学生用举例和引用等方法来证明自己的观点。学生请其他人用证据来证明自己的观点（如果可能的话）。文本经常被提及或用作辅助证明。

一个班级如果能以极高的水平做到以上所有要求，那么这个班级会得到 A；如果能做到以上大部分要求，会得到 B；如果做到一半或一半以上的要求，会得到 C；如果只做到不到一半的要求，会得到 D；如果讨论真的是一团糟或者完全没有章法，没有做到以上任何要求，会得到 F。没有准备或没有参与讨论意愿的学生会对整个集体造成影响。因此，当你阅读、记录和为讨论进行准备时，请时刻牢记这些。

表 6.3　小组讨论的编码工具样本（中学）

★ = 有深刻见解的评论（Insightful comment）
A= 突然转移话题，中止交流（Abrupt shift, cuts off conversation flow）
C^D= 与先前课堂讨论的联结（Connection to previous class discussion）
C^L= 与生活的联结（Connection to life）
C^{OT}= 与课外的联结（Connection to outside text）
C^T= 与目前文本（不是阅读材料）的联结（Connection to current text / not reading passage）
C^W= 与黑板上内容的联结（Connection to what's on board）
D= 思想不集中、说话、不执行任务（Distracted, talking, off task）
E= 解释（Explanation）
EQ= 课程参考/单元基本问题（Reference to course/unit essential question）
F= 肤浅或简单的观察（Surface or summary observation）
G= 油腔滑调、愚蠢或刻薄的评论（Glib, silly, or sarcastic comment）
H= 很难听见（Hard to hear）

续表

H^C= 请大声说出（Asked to speak up）
I= 打断（Interruption）
IG= 不合理的解释或预测（Illogical statement or prediction）
IG^Q= 不合理的问题（Illogical question）
L= 模糊不清的评论（Lost comment）
O= 组织、领导、要求有秩序（Organizing, Leading, or calling for order）
O^{SP}= 使某人处于困境（Puts someone on spot）
P= 预测（Prediction）
Q= 问题（Question）
Q^2=2 级问题（Level 2 question）
$Q^\star$= 深刻的问题（Insightful question）
Q^C= 澄清问题（Clarifying question）
Q^F= 肤浅的问题（Surface question）
R= 杂乱无章、没有重点、没有明确目标地进行（Rambling, unfocused, going on and on without clear, pithy point）
Rp= 重复其他人说过的某一点（以前没有听到过）（Repeating exact point someone else made/didn't hear it previously）
S= 作者/写作风格参考（Reference to author/writing style）
Sp= 被同学置于困境（Put on the spot by classmate/classmates）
T= 文本参考（Reference to the text）
W= 在黑板上书写（Writes something on board）
X= 理解的错误（Error in comprehension）
X^c= 对错误的修正（Correction of error）
Y= 综合，领会大框架（Synthesizes, sees big picture）

表 6.4　小组讨论的编码工具样本（小学）

小组讨论	没有	有时	通常	大部分时间	总是
每个人都参与					
每个人都专心听					
每个人发言都清晰、洪亮					
每个人都围绕主题发言					

你可以通过改变座位表来简化对学生个体的编码。提供传统课堂座次表，但未必如此排座。

注：*= 贡献　I= 打断　Q= 相关问题　D= 思想不集中、聊天、偏离主题

		教室正面			

另外，表 6.3 和表 6.4 都是你可以拿来用于监管小组讨论的实用型工具，使用这些工具可以对学生讨论中的行为进行观察和编码，并暗示学生你将怎样对他们进行评价。

下面是配合探究和讨论进行评价的方法。

- 使用本章提供的方法，从学生完成学习目标和是否符合合作探究规则的角度，对学生的表现定期向学生个体、小组和整个班级提供反馈。

- 时常对班级表现进行录像记录，并让学生使用评价规则或你提供的编码表，对自己的表现进行评价。
- 确保你的评分等级系统包含了对学生作为提问者或合作探究参与者是否进步的评价。

形式服从功能

正如我们在本章前面部分所提到的，我们可以将所有观点总结为"言出必行"和"言传身教"。课堂的环境布置和课程安排应该确保课堂实践和规则与有效探究的目标一致。

在表 6.5 中，我们总结了支持提问和探究文化的八个要素。你可以将这八个要素作为你评价课堂或学校教育的标准，使用它们来引导和调整你的教学活动。

表 6.5 八个可控的课堂文化要素

文化要素	支持提问文化的条件	破坏提问文化的条件
1. 学习目标的分类	学生能识别各种不同的学习目标，尤其对开放式问题的探究不同于（但却同样重要）知识掌握的学习目标。	学生认为（教师的行为会强化这种认识），学习的核心在于对知识内容的掌握，并认为教师的提问是在寻求答案，拓展性的探究和讨论不管激发了多少智力，都是偏离或与真正的学习目标无关的。

续表

文化要素	支持提问文化的条件	破坏提问文化的条件
2. 提问、教师和学生的作用	明确界定了教师和学生在对基本问题的共同探讨中承担的角色和任务。教师希望学生能够积极参与思考和寻求获取意义，基本问题被视为试金石，学生的回答要经得起提问。	教师承担的是专家的角色，学生是接收知识的容器。提问被用来检验学生对材料的掌握程度，答案分为对与错两种。
3. 明确的规定和行为规范	对于与提问和回答问题有关的正确行为，有明确的规定和行为规范。教师期望所有的学生都能够参与并投入到讨论中，每个人的观点和回答都会受到尊重。	对于如何参与讨论和探究，如何回答教师的提问和评价同学的回答，没有明确的规定和行为规范。教师通常只提问那些举手的学生，因此对学生的消极和游离是默认的。
4. 安全和有利的环境	教师为智力冒险和挑战观点建立和模拟了安全和支持性的环境，不恰当的行为（如贬低别人）会被坚决但机智地处理掉。	对于学生需要的安全感以及愿意做智力冒险的想法，教师无法开展模拟教学并创造必要的环境。学生可能会感到自己很傻或不适。
5. 空间或物质资源的使用	基本问题被贴在教室明显的位置并常常被提及。课堂布置以及空间的使用有目的地围绕自由流畅、充分参与和充满尊重的对话展开。	课堂布置使每个人很难进行交流。教师和学生都没有采取行动来重新安排桌椅，以便于开展探究。因此，持久的讨论是难以进行的。
6. 利用课内外的时间	对基本问题的正式探讨有明确的预留时间。课外任务包括围绕问题进行的基于任务和问题的探究。	对探究和深度讨论没有专门分配时间，教师的课堂时间被用来通过直接或灌输式的教学呈现教学材料。家庭作业直接针对的是复习、练习或获取知识的阅读。

续表

文化要素	支持提问文化的条件	破坏提问文化的条件
7.学会使用文本和其他学习资源	选择文本和其他辅助性材料来促进探究。教师明确指出，课本和相关材料在推进对基本问题的探究方面都有其局限性。	课本被当作教学大纲而不是辅助性材料。教师按部就班地讲授课本，让学生觉得对课本内容的完成远比进行探究学习要重要。
8.评价	总结性评价和相关评价标准反映了基本问题。开放性评价尊重求知欲和批判性思维，而传统的测评被用来评价对重要的知识和技能的掌握情况。	总结性评价、相关的评价标准以及评价等级等关注的是对知识和技能的掌握。学生很快就会发现，记忆和识别才是"有用的"。

第7章
如何在课外使用基本问题

本书的重点是探讨教师如何提高探究的质量和学生在课堂上的参与性。但范围更广的组织文化（学校、社区或大学）无疑也会影响教师和学生的行为。相应地，政策制定者、地方和学校管理者以及教师领导者等群体也会对学校文化产生影响，这些影响决定了教师应该对学习、教学、课程、评价以及相应的学校教育政策和组织结构进行专业化的探讨。

和同事一起使用基本问题

鼓励探究的组织文化的一个简单易行的方法就是经常与同事和其他教职工一起使用基本问题。校长、部门主任、教研组长都能轻而易举地做到，通过围绕基本问题制订重要的行动计划，开展小组工作和教师/团队会议。事实上，用于专业学习的思维方法，同样可以用于学校和地区事务：如果有针对性的倡议或项目被看作"答案"，那么，问题应该是什么？比如，如果不同的教学或课程设计是由学校或地方管理人员倡导的，那么，他们各自希望解决什么问题呢？是否还有其他方法可以（或许更好地）解决问题和需求呢？

在漫长的职业生涯中，我们见到过无数的案例，在这些案例中，一些有价值的学校和地方改革由于教师只是表面欢迎，而无法将改革顺利进行下去。事实上，这些改革案例的失败注定了创新精神的存亡。我们曾多次听到经验丰富的教育工作者对教职工发展计划或新的想法不予理睬或持一种"早晚会过去"的态度。换句话说，除非是教师和其他成员理解了改革的需求和对其工作的意义，否则他们不太可能对改革持真诚欢迎的态度。

这条规律也适用于我们的工作。我们从来不建议学校管理者强制实施理解性教学设计，而且理解性教学设计必须逐渐被大家认识，它要解答的是以下问题：

- 最普遍和最主要的学生表现问题有哪些？
- 为什么我们的学生在完成高水平任务和进行学习迁移时会遇到困难？
- 我们学生的参与度如何？
- 他们认识到他们参与的是有意义的学校任务了吗？
- 通过分析，我们应该制定什么样的方案？

只有理解性教学设计被看作对真实性问题的解答，才有可能扎根课堂，自然而然地成为解决问题的方法。

因此，基本问题在帮助大家更好地理解、接受和实施学校改革中，发挥着至关重要的作用。内行的领导不是直接采取实施方案，而是通过提出基本问题以使教师参与到对不同计划和解决方案的探讨中。以下例子说明了如何使用基本问题来促使教师进行合作性探究，以更好地理解、参与和实施教学改革。

学校教育的使命

- 我们的团队（学校、地方、社区）是如何分担共同的教育使命的？
- 我们的政策、优先发展重点和行动是如何与使命保持一致的？
- 我们是否为成为21世纪的学习者做好了充分的准备？

教和学的理念

- 我们持有的对教和学的认识是怎样的？这些教和学的理念是否与研究、实践和我们自己的经验一致？
- 对学习的哪些认识影响着我们的教学和评价实践？
- 我们的政策、优先发展重点和行动是如何反映这些教学理念的？
- 我们对学习的认识与教学实践是如何整合的？

标准

- 人们如何了解我们是"基于标准"的学校或社区？
- 在使用标准指导教学工作时（如课程、评价、教学、专业发展、教师评价），我们如何做到"言出必行"？

课程

- 我们的课程设计真的落后于长期的教育目标和发展重点吗？
- 从学习者的视角看，我们课程的连贯性和一致性如何？
- 目前的课程设计是如何支持探究、迁移和真实性表现的？
- 哪些内容是我们应该"覆盖"的，哪些内容是不需要"覆盖"的？
- 我们为什么需要教科书？应该如何使用教科书？

评价

- 我们是如何进行评价的？哪些评价是可行的？哪些是不可行的？
- 回答这些问题需要提供哪些证据？我们有这些证据吗？如果没有，到哪里能够找到令人信服的、有效的、让人认同的证据？
- 我们如何知道学生是否真的理解了？
- 我们评价的是所有我们认为重要的东西，还是只对最易于测试和打分的东西进行评价？
- 有没有哪些重要内容因为没有得到评价而被漏掉了？
- 如何才能通过评价促进学习，而不仅仅是简单地测量学业水平？

教学

- 我们的教学在多大程度上实现了学生参与？教学的有效性如何？
- 我们的教学在多大程度上反映了研究和最佳实践的成果？
- 我们在多大程度上促进了学生对教学科目的实践？
- 我们的教学是否有效涉及了每个学生，尤其是那些低学业水平的学生？

专业发展

- 我们的专业发展实践是如何反映我们的学习原理的？
- 我们的教师如何看待专业发展？
- 我们如何调整教师专业发展实践的方向？
- 教师专业发展有相对的差异吗？

变革过程

- 我们如何认识教育的变革？如何分享这些观点？有关研究又是如何

支持这些教育变革观点的?
- 不同倡议之间的联系和一致性是怎样的?
- 我们如何才能更高效、更聪明地推进变革?

政策和结构
- 我们的教育政策、结构和文化是如何反映我们的学习观的?
- 如何重构和促进学习?
- 当教师不和学生在一起时,如何最佳利用我们的时间?
- 如何解读教育政策?
- 目前我们的教师评价项目进展如何?
- 什么是持续改进和提高?我们如何做到?
- 有哪些现存因素支持这些(优先发展重点)?有哪些因素阻碍了变革?
- 我们的教师和领导是如何接受那些真实反馈从而改进和提高的?
- 我们的评分和报告如何才能清楚、真实和公平地传达给学生?
- 我们在促进学习的过程中是否最佳地利用了资源(如时间、资金、设施、技术等)?

其他
- 你希望你的孩子入读我们的学校吗?有哪些因素可能让你犹豫?为什么?
- 从学生的角度来看,每天的学校学习枯燥吗?这种枯燥的学习在多大程度上是多余的——对我们来说还不够理想?
- 不良习惯是怎么影响良好教育的实施的?

可以理解的是，教育领导者们关注的可能是由于教师投入思考和讨论过程的时间会太长，从而造成课堂秩序的混乱。过去这些年中，我们常常听到诸如此类的话："是的，但是……""这确实不错，但是我们必须把该做的先做了。""你不了解，我们的压力很大。""如果我们不予制止，他们会永远叽叽喳喳下去。""我们必须在最后期限前完成这些。"等等。

我们承认，与简单的采取行动相比，通过使用基本问题以让学生积极思考的方式来解决问题要花费更多的时间。当然，领导者可以只发布指令（很多时候或许需要通过发布命令来进行管理），但很少有指令可以让专业人员心悦诚服地理解和接受，甚至有时会产生相反的结果。我们将挑战看作几乎每个教师都会面对的事实，也就是说，有太多的教学内容要完成，如果我们在课堂上讲得太快，那学生就很难跟上进度！但最有效的教师知道，除非学生真正参与到了学习中，而且积极、主动地去探究意义来获取理解，否则他们的学习将很可能是肤浅的、难以持久的。对于教师等群体来说，情况同样如此。有意义的教学改革需要通过基于探究的会议和探讨，来获取教师们的理解和支持。基本问题为教师进行专业对话提供了所需要的支持，这可以激发教师投入教学改革实践中。

与专业学习共同体一起使用基本问题

越来越多的教育工作者参与到了专业学习共同体中，这种专业学习共同体的组织结构为学校中的教职工实现有目的的探究学习提供了可能。实际上，我们认为，最有效的智力活动和最有效的专业学习共同体，都与合作性探究有关，而这些合作性探究通常是针对教学和不佳表现等问题开展的研讨。就这一点而言，我们认为，在专业学习共同体中，教师和管理者的基本角色有三种：

1．批判性朋友；
2．学生作业的分析者；
3．行动研究者。（麦克泰格，2008）

以下是对这三类角色的陈述。

批判性朋友

大部分教师对课程和学习单元的设计是基于国家、州或地方所制定的教学标准进行的。教师开发的课程计划通常是单独进行的，很少受到管理者或同事的审核（那些新手教师开发的课程除外）。此外，教师有时因为深陷自己的教学工作中，因此很难看到自身的不足。而专业学习共同体为解决这些问题提供了可能，它向教育工作者们提供了开展合作设计课程的机会，并让教师们彼此对单元教学设计、课程和评价进行审核并提出意见。简言之，以小组的形式来一起设计课程并彼此帮助进行检查审核，降低了孤军作战的风险，同时提高了教学的有效性。

不幸的是，在许多学校，小组反馈并不是惯例。事实上，一些学校无意中助长了"单打独斗"的风气，这种风气使学术自由转化为"关起门来做自己的事"。即使在合作性的学校文化中，教师们依然趋向于避免批评彼此的教学实践。但我们知道，如果想要得到提高，反馈是非常有必要的。不管是新手教师还是富有经验的资深教师，来自同行的真实、明确、具体的反馈意见是非常可贵的。因此，我们建议对每个教师的课程设计有计划地开展同行评价，并将其作为专业学习共同体的正式活动之一。

当然，任何同行评价的过程都应该有一套既定的规则和评价标准，确保反馈是基于标准的、非个人化的。在《理解性教学设计指南：单元设计和评价的高级概念》（威金斯、麦克泰格，2012）一书中，描述了基于明确设计标准的同行评价的过程。只有在同行评价中，反思性问题才能得到有效的运用。以下这些问题示例说明了在同行评价和指导单元教学设计中，反思性问题是如何得到使用的。

在哪种程度上，单元设计：

- 与相关的标准、任务、课程目标是一致的？
- 指向长期的涉及真实性表现的迁移目标？
- 聚焦重要的、可迁移的思想？
- 确定了相关的、开放性的、启发思考的基本问题？
- 包含了能够对所有确定的目标提供有效和充足证据的评价？
- 包含了可迁移的真实性表现任务？
- 包含了适用于开放式评价的评价标准或评价量规？
- 包含了学习活动和说明，以帮助学习者获得单元教学目标？
- 连贯一致地将所有活动和评价与单元教学目标整合在一起？

教师在多次接受同行评价并同时发挥"同行评价者"的作用之后，开始逐渐内化以上问题，并能够更加有目标地设计自己的单元教学。一旦教师认识到有效反馈和专业学习共同体指导的好处，他们就会主动去寻找更多的诸如此类的同行互动。

学生作业的分析者

全世界的教育工作者都被鼓励使用学生成绩等数据作为教学决策和学校改进计划的基础，但通常这些数据的唯一来源是外部测试的结果

（如州或国家一级的考试）。尽管这些标准化的评价为我们提供了有关学生学业成绩的数据，但这种年度数据还不能详细和及时地为课堂和学校的持续改进提供充足的信息和参考。促进学校改进和提高的一个更有效的方法，是要求教师对所有学生的表现进行持续性的过程分析，通过来自不同方面的一系列可靠数据进行考查和评价。打个比方说，这里所需要的是一本装有证据的相册——传统测试的成绩和对学生完成各种评价任务和作业的收藏。

当教师们在专业学习共同体中按照相同角色（如同样的年级和学科领域）聚在一起对测验成绩进行评价时，他们会确定出一般意义上的优势和需要进一步提高的地方。以前我们曾出版过著作，列出了指导教师进行评价和分析的问题，通过这些问题，教师可以改进对学生成绩的评价，并调整教学计划以帮助学生提高学习成绩（威金斯、麦克泰格，2007）。

让我们来看看以下问题：
- 这样的成绩是我们所期待的吗？为什么是或为什么不是？
- 有什么惊喜或异常吗？
- 这暴露了学生学习和表现的哪些问题？
- 有哪些明显的优势和不足？
- 这暴露了哪些错误的理解和想法？
- 多好才算"足够好"（如评价学生成绩或表现的标准是什么）？
- 教师、教师小组、学校、地方等的哪些行动可以提高学生的学习和成绩？

经常使用这些问题来检查学生的学习，有助于教师将精力放在更大的学习目标上（包括理解能力、迁移能力和思维习惯的养成），同时有助于教师避免只盯着标准化测试的分数。经常开展此类合作，有助于持续改进教学，同时有助于建立专业化的、丰富的、以结果为导向的学校文化。

行动研究者

行动研究是教师进行专业研究的一个很好的形式，它是指对教和学进行持续的、合作性的调查，这种研究很适合专业学习共同体这种组织形式。行动研究的过程使学习小组能够发现问题并形成解决问题的方法，同时能够培养起促进学校改进和提高的文化。行动研究的前提是假设地方教育工作者（不仅是外部专家）对学校教育的问题所在以及如何改进学校教育有非常清楚的了解。大学中深奥的研究性学习是由于学生要取得文凭或教师需要出版学术成果而开展的，与这种研究不同，行动研究是由教育工作实践者们发起和执行的，它关注的是与学习相关的问题。

行动研究为教师的专业研究提供了一个有体系的过程和方法，以下是行动研究的七个基本步骤：

1. 确定问题、难题、挑战或任何与教或学相关的异常的现象，这些通常是能引起你或你的团队极大兴趣或困惑的问题，而且这些问题通常与基本问题相关，具体如下。

    基本问题：我们的学生思考得怎么样？我们怎样来提高他们批判性思维的技能和习惯？

    挑战：我们观察到，8年级的学生通常不具有批判性思维，也就是说，很难让他们理解他们是如何被所见所闻所控制和蒙蔽的。

2. 确定了问题对象之后，提出更为重要的要研究的问题。

    举例：我们如何用不同的文本和媒体材料设计出一系列的学习活动，帮助8年级的学生认识各种不同的说服技巧，学会如何更有批判性地去看待所听、所见、所读，学会避免受表面现象的影响？

3. 形成假设。

   举例：通过使用不同的文本、媒体手段和指导性教学（如对说服技巧和批判性思维进行分析），我们可以提高学生的批判性思维能力。

4. 给出假设，确定你要收集的相关数据。从不同方面收集数据将有助于进行更有效的判断。

   举例：我们将设计一个表现性任务，让学生对印刷品和媒体等上面的内容来源（如广告、给编辑的信、竞选宣传和其他说服性文本）进行批判性思考，然后使用批判性思维的标准来对学生的表现进行评价。我们将使用非正式的把想法说出来的方式，让学生说出他们对说服性技巧的认识和自己所受的影响。我们将使用恩尼斯·韦尔"批判性思维测试"中的一部分对学生进行评价。我们还会让学生使用指定的说服性技巧来设计一个说服的内容，然后用说服的标准来评价他们的表现。

5. 收集、整理和呈现数据。

6. 分析数据，寻找规律，解释结果。这意味着什么？这个结果表明什么？

7. 总结你的发现。我们学到了什么？我们将采取什么行动？出现了哪些新问题？我们需要做哪些新的研究？

当然，在你的学校或专业学习共同体中，并非所有行动研究都需要按照以上七个正式的步骤进行。实际上，我们建议从一两个更简单的探究问题开始，具体请见表 7.1。

表 7.1 使用基本问题开始行动研究的方法

跟踪观察学生
学生的真实体验是什么？
随机选择一名学生，对此学生进行一天的跟踪观察。当你"穿着学生的鞋子走路"时，请思考以下问题：学校作业吸引人吗？枯燥吗？学生知道为什么要学习以及哪些东西与学习内容有关吗？学生在对大思想、大概念进行探讨吗？你对学生的学校学习经历有什么印象？记录下你的观察和思考，并在下次教师会议或专业学习共同体聚会时向大家汇报。
监督提问的策略
我们的提问效果如何？
对你在课堂上的提问进行监督。我的问题中，有多少是需要进行事实性记忆的？有多少是关于应用的？还有多少是需要进行评价的？向学生提出不同类型的问题，结果有何不同？当我使用不同的跟进方法时，会发生什么？如等待时间、探究、质疑等方法。对你的课堂教学进行录像，或听其他教师的课，对其他教师的提问策略进行记录，同时与他们分享你的发现。
复制《一个叫学校的地方》中的研究
学生什么时候最投入学习？为什么？
使用经典的约翰·古德拉德调查法，对哪些课是学生最喜欢的（为什么）、最有价值的（为什么）、最有（没有）挑战性的等进行调查（Goodlad, 1984）。与同事分享你的发现。
对毕业生进行调查
我们的毕业生是否准备好了？
联系最近的中学毕业生，请他们描述一下他们的中小学教育是否为他们未来的学习和工作做好了准备？他们是如何为未来做准备的？他们的学校是如何更好地帮他们为未来做好准备的？与同事和管理者一起讨论调查的结果。

续表

对在校生进行调查
学生对学校和课堂是如何理解和认识的？
学生理解教学目标和教学重点吗？如果你对学生提出以下问题，学生会怎样回答：为什么你要做正在做的事？昨天的课和今天的课有什么联系？你认为你明天会做什么？对于这个单元，你的长期目标是什么？如何去评价你的学习？将你的调查结果与其他教师的调查结果进行对比和讨论。
检查评分等级和报告
评分等级和报告与教学目标的一致性如何？
调查学生和家长对目前评分和报告系统的意见。他们认为这种评分和报告系统在体现学生的表现、进步和学习习惯方面，在多大程度上是可以被理解的 / 在教师中是一致的 / 公平的 / 准确的？将你的调查发现进行汇总并探讨其对目前教学实践的意义。

当学校和教师团队使用基本问题来检验他们的行动计划，参与批判性同行评价，检查学生的小组作业，处理行动研究的问题时，他们已经做到言行一致了，这标志着真正专业化的开始。

正如表 7.1 给出的各种建议所示，学校的整体文化可以得到大幅的提升，这主要是通过有目的地尝试建立教职工间的对话形成的。此外，我们在前面章节中曾建议的对基本问题的使用方法，同样适用于教师和成人间的互动。比如，表 6.5 对几种要素的总结同样可以用于专业学习共同体的组织文化建设中。

小结

我们建议你应该谦虚但果断坚决。将基本问题和探究教学完全根植在课堂和学校文化中，可能会需要从标准到行动都做出极大的改变。我们在以上章节都提到过，要想改变课堂教学和组织文化必须坚定立场，因为在传统角色占主导地位、教师各自为政、课程不受重视、为完成教学内容而教（因此学生是被动学习）、备受考试压力、等级或打分盛行的世界里，很难自然而然地具备进行提问和开展探究文化的条件。幸运的是，我们可以通过落实期望，调整组织结构和实施教育革新，使探究文化的实现成为可能。因此，当教育者们有目标地、自觉地、有决心地采取行动，摒弃那些传统教学中的无益方法，代之以探究式的教学常规时，这种文化的形成便成为了自然而然的事情。

参 考 文 献

Adler, M. J. (1982). *The Paideia proposal: An educational manifesto*. New York: Macmillan.

Adler, M. J. (1983). *How to speak how to listen*. New York: Collier-Macmillan.

ASCD. (2012). Understanding by design: An introduction. [PD Online course]. Alexandria, VA: Author.

Bateman, W. (1990). *Open to question: The art of teaching and learning by inquiry*. San Francisco: Jossey-Bass.

Bergmann, J., & Sams, A. (2012, April 15). How the flipped classroom is radically transforming learning [blog post]. Retrieved from http://www.thedailyriff.com/articles/how-the-flipped-classroom-is-radically-transforming-learning-536.php

Boydston, J. A. (2008). *The middle works, 1899–1924/ John Dewey*. Carbondale, IL: Southern Illinois University, p. 162.

Bruner, J. (1960). *Process of education: A landmark in educational theory*. Cambridge, MA: Harvard University Press.

Bruner, J. (1965). The growth of mind. *American Psychologist, 20*(17), 1007–1017.

Caplan, J. (2006, October 2). Google's chief looks ahead. *Time*. Retrieved from http://www.time.com/time/business/article/0,8599,1541446,00.html

Common Core State Standards Initiative. (2001). *Common Core State Standards*. Washington, DC: Council of Chief State School Officers.

Fawcett, H. (1938). The nature of proof: A description and evaluation of certain procedures used in a senior high school to develop an understanding of the nature of proof. *Tenth Yearbook of the National Council of Teachers of Mathematics* (Ch. 4). New York: Teachers College, Columbia University.

Goodlad, J. (1984). *A place called school: Prospects for the future*. New York: McGraw-Hill.

Hattie, J. (2009). *Visible learning: A synthesis of over 800 meta-analyses relating to achievement*. New York: Routledge.

Isaacson, W. (2012, April). The real leadership lessons of Steve Jobs. *Harvard Business Review, 90*(4), 92–102.

Israel, E. (2002). Examining multiple perspectives in literature. In J. Holden & J. Schmit (Eds.), *Inquiry and the literary text: Constructing discussions in the English classroom*. Urbana, IL: National Council of Teachers of English.

Krupa, M., Selman, R., & Jaquette, D. (1985). The development of science explanations in children and adolescents: A structural approach. In S. Chipman, J. Segal, & R. Glaser (Eds.), *Thinking and learning skills—Vol. 2: Research and open questions*. Hillsdale, NJ: Lawrence Erlbaum Associates.

Lemov, D. (2010). *Teach like a champion: 49 techniques that put students on the path to college*. San Francisco: Wiley.

Loewen, J. (1996). *Lies my teacher told me: Everything your American history textbook got wrong*. New York: Touchstone.

Lyman, F. (1981). The responsive classroom discussion: The inclusion of all students. In A. S. Anderson (Ed.), *Mainstreaming digest* (pp. 109–113). College Park, MD: University of Maryland.

Marzano, R., Pickering, D., & Pollock, J. (2001). *Classroom instruction that works: Research-based strategies for increasing student achievement*. Alexandria, VA: ASCD.

Mazur, E. (1997). *Peer instruction: A user's manual*. Upper Saddle River, NJ: Prentice Hall.

McTighe, J. (2008). Making the most of professional learning communities. *The Learning Principal, 3*(8), 1, 4–7.

McTighe, J., & Wiggins, G. (2004). *The Understanding by Design professional development workbook*. Alexandria, VA: ASCD.

Miller, A. (2012, February 24). Five best practices for the flipped classroom [blog post]. Retrieved from http://www.edutopia.org/blog/flipped-classroom-best-practices-andrew-miller

National Art Education Association. (1994). *National standards for arts education*. Reston, VA: Author.

National Association for Sport and Physical Education (2004). *Moving into the future: National standards for physical education* (2nd ed.). Reston, VA: Author.

Newmann, F. (1991). Promoting higher-order thinking in the teaching of social studies: Overview of a study of 16 high school departments. *Theory and Research in Social Education, 19*(4), 22–27.

Newmann, F. M. (1988, March 15). *The curriculum of thoughtful classes*. Paper presented at the annual meeting of the American Educational Research Association. New Orleans, LA.

Next Generation Science Standards. (2012). Retrieved from http://www.nextgenscience.org/

Pagliaro. M. (2011). *Exemplary classroom questioning: Practices to promote thinking and learning*. Lanham, MD: Rowman and Littlefield Education.

Palincsar, A. S., & Brown, A. L. (1984). Reciprocal teaching of comprehension-fostering and comprehension-monitoring activities. *Cognition and Instruction 1*(2), 117–175.

Pearson, P. D., & Gallagher, M. C. (1983). The instruction of reading comprehension. *Contemporary Educational Psychology, 8*, 317–344.

Polya, G. (1957). *How to solve it* (2nd ed.). Princeton, NJ: Princeton University Press.

Raphael, T. E. (1986). Teaching question-answer relationships, revisited. *The Reading Teacher, 39*, 516–522.

Roberts, T., & Billings, L. (1999). *The Paideia classroom: Teaching for understanding*. Larchmont, NY: Eye on Education.

Rothstein, D., & Santana, L. (2011). *Make just one change: Teach students to ask their own questions*. Cambridge, MA: Harvard Education Press.

Rowe, M. (1974). Relation of wait-time and rewards to the development of language, logic and fate control. Part one: Wait-time. *Journal of Research in Science Teaching, 11*(2), 81–94.

Stevenson, H., & Stigler, J. (1992). *The learning gap: Why our schools are failing and what we can learn from Japanese and Chinese education*. New York: Touchstone.

Tobin, K., & Capie, W. (1980). The effects of teacher wait time and questioning quality on middle school science achievement. *Journal of Research in Science Teaching, 17*, 469–475.

Tobin, K. G. (1984, April). *Improving the quality of teacher and student discourse in middle school grades*. Paper presented at the annual meeting of the American Educational Research Association, New Orleans, LA.

Tomlinson, C., & McTighe, J. (2006). *Differentiated instruction and Understanding by Design: Connecting content and kids*. Alexandria, VA: ASCD.

U.S. Department of Health, Education, and Welfare. (1976). *The American Revolution: Selections from secondary school history books of other nations* (HEW Publication No. OE 76-19124). Washington, DC: U.S. Government Printing Office.

Wiggins, G., & McTighe, J. (2005). *Understanding by Design* (Expanded 2nd ed.). Alexandria, VA: ASCD.

Wiggins, G., & McTighe, J. (2007). *Schooling by design*. Alexandria, VA: ASCD.

Wiggins, G., & McTighe, J. (2011). *The Understanding by Design guide to creating high-quality units*. Alexandria, VA: ASCD.

Wiggins, G., & McTighe, J. (2012). *The Understanding by Design guide to advanced concepts in creating and reviewing units*. Alexandria, VA: ASCD.

Wiliam, D. (2007, December–2008, January). Changing classroom practice. *Educational Leadership, 65*(4), 36–42.

万千教育 基础教育类书目

书号	书名	著、译者	定价(元)
班主任工作理念与方法			
2204	做一个会"偷懒"的班主任（第二版）	郑学志 著	48.00
1708	怎样教授道德才有效 ——德育心理学家给教师的建议	杨韶刚 等译	48.00
1709	学生特殊问题发现与应对 ——给普通教师的建议	昝飞 等著	48.00
7318	与学生家长"过招" ——班主任的家长工作艺术和技巧	郑学志 著	26.00
7316	把班级还给学生 ——班集体建设与管理的创新艺术	郑立平 著	26.00
7319	班主任工作的55个"鬼点子"	刘坚新 等编著	26.00
7344	遭遇问题学生 ——问题学生的教育与转化技巧	万玮 编著	25.00
7317	魅力班会是怎样炼成的	杨兵 著	25.00
8631	家校沟通，没有痛过你不会懂 ——知名班主任梅洪建的心路历程	梅洪建 著	32.00
0539	如何上好班级心理辅导活动课 ——钟志农答疑50问	钟志农 著	42.00
9902	德育主任新方略	丁如许 著	32.00
8611	班主任工作中的心理效应	刘儒德 主编	35.00
1135	班主任有效沟通的艺术与技巧	李进成 著	36.00

编号	书名	作者	价格
0541	班主任如何破解德育低效难题	赵 坡 著	35.00
9135	班主任，青春万岁——王君带班之道	王 君 著	34.00
8770	班主任如何带好差班	赵 坡 著	30.00
8309	扶年轻班主任上马	王 莉 著	38.00
7926	教师必须掌握的教育惩戒艺术	郑立平 等 著	28.00
7928	做一个聪明的班主任 ——对常见七类学生的教育艺术	郑立平 等 著	28.00
班主任工作理念与方法合计			**642.00**
中学生心理健康教育主题课程设计丛书			
0059	中学生心理课——生涯发展	廖丽娟 等 编著	28.00
0060	中学生心理课——情绪管理	杨红梅 等 编著	32.00
0185	中学生心理课——综合篇	中学生心理课综合篇教研组	52.00
中学生心理健康教育主题课程设计丛书合计			**112.00**
中学学科教学指导			
8632	王莉的初中作文教学创意	王 莉 著	36.00
0671	余映潮中学语文精品阅读课教学实录	余映潮 著	42.00
8562	余映潮的中学语文教学主张	余映潮 著	32.00
8548	不拘一格教语文	史金霞 著	38.00
8758	语文教师的八节必修课	刘 祥 著	35.00
8772	中学阅读教学设计方案40例	李 浩 王林发 编著	36.00

0143	王雄的中学历史教学主张	王　雄　著	36.00
0088	王永元的中学物理教学主张	王永元　著	32.00
0161	龚海平的中学英语教学主张	龚海平　著	38.00
中学学科教学指导合计			325.00
	小学学科教学系列		
0681	小学创意写作	郭学萍　著	42.00
9981	让数学变得好玩 ——小学一二年级数学课堂游戏88例	陈燕云　主编	45.00
9931	经典绘本阅读与创意教学（二年级分册）	顾舟群　著	30.00
9932	经典绘本阅读与创意教学（一年级分册）	顾舟群　著	30.00
8872	钱守旺的小学数学教学主张	钱守旺　著	35.00
7982	小学英语课堂游戏集中营	贺　杰　著	28.00
7870	趣味识字教学	黄　波　编著	28.00
7869	小学作文教学设计方案53例	黄　波　著	30.00
7590	我的迷人"语"秘书 ——小学语文趣味教学12法	黄　波　编著	28.00
7482	方利民快乐作文教学26招	方利民　著	26.00
小学学科教学系列合计			322.00
	中小学学科教学系列		
9884	阅读教学设计的要诀 ——王荣生给语文教师的建议	王荣生　著	36.00
9573	名师课堂教学细节设计艺术	徐　杰　等　著	36.00

9114	中小学实用教学策略	宋秋前 著	26.00
9007	语文综合性学习教学设计方案40例	赵水英 王林发 编著	36.00
8949	语文口语交际教学设计方案40例	王林发 主编	36.00
8582	智力发展与数学学习	林崇德 著	50.00
7483	走进快乐语文课堂	潘继云 著	26.00
7320	语文课如何是好	王晓春 著	28.00
中小学学科教学系列合计			**274.00**
小学班主任专业技能			
1196	小学班主任与家长沟通之道 ——心与心的交流	许丹红 著	36.00
8266	小学班主任的78个临场应变技巧	许丹红 著	32.00
9555	打造小学卓越班级的38个策略	许丹红 著	30.00
0699	好班是怎样炼成的 ——小学班主任班级建设之道	谢 云 主编	40.00
0672	正思维、正能量和正教育 ——魅力班主任的幸福教育生活	钱碧玉 著	36.00
9764	缔造完美教室 ——小学班本课程的开发与实践	李亚敏 刘娟 著	39.00
9574	小学家校沟通的艺术	王怀玉 著	35.00
9935	写给少先队辅导员的41条建议	许其龙 著	35.00
7798	优秀少先队辅导员的八项修炼	谢金土 等 编著	26.00

……
欲了解更多图书信息，请登录：www.wqedu.com
联系地址：北京市西城区三里河路6号院2号楼213室　万千教育
咨询电话：010-65181109，65262933

*本目录定价如有错误或变动，以实际出书为准。